新经济下专用性投资与企业
营销渠道治理研究

蒋守芬　著

上海交通大学出版社
SHANGHAI JIAO TONG UNIVERSITY PRESS

内容提要

本书立足于新经济环境下企业渠道关系的管理,聚焦渠道关系治理中的机会主义行为这一核心问题,创新性地以专用性投资作为研究视角,采用实证、实验和演化博弈等研究方法,全面分析机会主义行为产生的根源、影响机制和实现路径。研究表明专用性投资是机会主义行为发生的重要原因,关系质量是两者之间的中介变量,渠道双方的关系质量在市场竞争、外部环境波动性等因素影响下会发生变化,在厘清问题本源的基础上,提出了渠道机会主义行为的治理建议及策略。

本书可作经济管理、工商企业管理、市场营销等专业的参考教材,也可供企业投资与企业营销管理相关人员参考。

图书在版编目(CIP)数据

新经济下专用性投资与企业营销渠道治理研究/蒋守芬著. —上海:上海交通大学出版社,2023.11
ISBN 978-7-313-29266-7

Ⅰ.①新… Ⅱ.①蒋… Ⅲ.①企业管理－购销渠道－研究 Ⅳ.①F274

中国国家版本馆 CIP 数据核字(2023)第 148740 号

新经济下专用性投资与企业营销渠道治理研究
XINJINGJIXIA ZHUANYONGXING TOUZI YU QIYE YINGXIAO QUDAO ZHILI YANJIU

著　　者:蒋守芬				
出版发行:上海交通大学出版社		地　　址:上海市番禺路 951 号		
邮政编码:200030		电　　话:021 - 64071208		
印　　制:上海万卷印刷股份有限公司		经　　销:全国新华书店		
开　　本:710 mm×1000 mm　1/16		印　　张:12.5		
字　　数:215 千字				
版　　次:2023 年 11 月第 1 版		印　　次:2023 年 11 月第 1 次印刷		
书　　号:ISBN 978 - 7 - 313 - 29266 - 7				
定　　价:88.00 元				

序　言

　　新经济对社会的影响越来越明显,如果说前几年大家谈到新经济的影响还停留在概念或者意识层面,现在再看这种现象已经非常明显了。新经济给企业带来的效应呈现在多方面,对企业渠道关系也有重大影响。首先,信息化改变了制造商和中间商的沟通方式,现代化信息技术和手段使双方合作更加高效,沟通成本大幅降低;其次,新经济增加了渠道双方关系网络的多元化和复杂性,可供选择的合作伙伴空间越来越大,机会主义行为发生的概率越来越高;最后,也是非常重要的一点是新经济的规律让很多渠道管理和治理模式失去了往日的效果,所以如何在新经济条件下更好地建立渠道关系,并以好的治理方式来设计渠道,解决渠道中出现的问题,是目前诸多企业渴望得到答案的一个主题。

　　这本书以我攻读博士学位期间的研究方向作为基础,同时这几年我一直从事营销渠道管理教学工作,也间断参与了企业的一些管理工作,这些学习和工作经验为我思考渠道治理问题提供了丰富的理论和实务价值。结合新经济背景带来的新变化,把渠道关系治理作为本书阐述的主题,研究渠道关系的新变化、治理结构的新方式会产生怎样的效果。本书融合了国内外学者在渠道管理领域的研究成果,遵循规范的研究框架,采取实证研究的方法,在模型设计和变量选取方面做了新的尝试,既保留了原有的被大家广泛认可的变量,也增加了新的变量,这些变量是在新经济背景下产生或者开始凸显的。

　　基于前述对研究内容与研究框架的考量,本书的结构与内容安排如下。

　　第一章,导论。主要介绍研究背景、研究意义、研究框架与内容、研究方法与路线、创新之处和结构安排。第二章,文献综述。本部分先列述书中所涉及的基本理论,如成本交易理论、资源依赖理论、社会网络理论、渠道关系理论、参照点理论和演化博弈理论等。其次分别对专用性投资、关系质量、机会主义行为、专用性投资与渠道关系、专用性投资与关系质量、机会主义行为的治理等相关专题研究文献及最新成果进行梳理和评述,指出目前这一领域研究的不足和方向,旨在为本书的研究设计和假设提供理论依据和支持。第三章,理论分析与研究假设。首先阐述书中所涉及的基本理论。其次对本书研究的关键术语,如专用性投资、专用性投资类型、关系质量、专用性投资不对等、机会主义行为等进行定义、内涵的界定。再次结合前期的研究成果,为专用性投资类型、关系质量、机会主义行为等选取具体的得到公共认可的测量维度,同时根据实证调研和深度访谈的结果,开发服务于本研究的量表。最后设计研究的概念模型,理清模型各变量之间的逻辑关系;提出专用性投资与关系质量,专用性投资与机会主义行为,专用性投资、专用性投资不对等与关系质量,专用性投资、专用性投资不对等与机会主义行为不同维度的一系列假设。第四章,研究方法设计。本部分首先解释本书选取的样本和调研方法,主要选取了红酒会所和品牌服装等专用性投资比较普遍的行业,且行业竞争激烈,产业业态成熟;调研方法上采用了问卷调研、实地调研和深度访谈定量定性相结合的方式;其次是样本和数据质量管理,对效度和信度进行检测;最后是对统计方法的选择,本书主要用到了方法分析、相关分析、结构方程和回归分析等多种统计方法。第五章,数据分析与结果。本部分主要通过不同的统计分析方法对文中提出的假设进行检验并汇总数据分析的结果。第六章,来自实验研究的结果,以对红酒会所为期24个月的调查和研究所得结果证实本研究结论。第七章,基于演化博弈视角的专用性投资决策研究。从演化博弈的视角来分析专用性投资的决策问题,并对不同条件下如何做出最优化决策做出了模型设计和判断。第八章,研究结论和未来展望。首先,对本研究的主要结论进行总结;其次,提出本研究的主要理论贡献和管理启示;最后,指出本研究存在的不足并对未来的研究方向进行展望。

本书适合用作市场营销专业的学生的研究参考文献或教材,尤适合从事营销渠道管理、渠道关系、渠道关系治理等领域研究的学者。本书对渠道近30年的发展文献和基础理论做了完善的梳理,并对渠道关系管理的核心问题做了深入分析,也对未来的趋势做了展望。

本书能够出版,首先要感谢我的博士生导师,上海财经大学的陈新康教授,在四年的博士生涯中,我得到了陈老师的辛苦指导,对于本书的撰写他更是不辞辛劳地帮忙修改和完善;同时也感谢我的家人,在我写这本书时,他们在生活和精神上都给予我大力支持。

蒋守芬

山东大学商学院

2023 年 5 月 2 日　于威海云山郡

目　录

第一章 导 论

第一节 研 究 背 景

Williamson(1985)和 Aksel I.Rokkan(2003)把专用资产定义为"为维持某种交易关系而进行的耐久性投资",它一旦投资于某个领域,就会出现"锁定"效应,不再存在其他用途的价值或只有极少的价值。这种专用性投资从渠道的角度是指企业为了特定的交易伙伴或交易关系所做出的高度专业化长期性投资,一旦关系失败,做出投资一方将遭受严重的不可回收的损失。随着需求个性化和竞争白热化趋势日益明显,企业需要以更快的速度应对市场环境的变化,企业之间的竞争已由个体之间的竞争演变成企业渠道网络的竞争。但由于自身资源的限制,企业越来越需要通过加强与中间商、零售商等渠道伙伴的合作以整合资源来应对复杂多变的竞争局势。在这一背景下,渠道关系专用性投资逐步成为构建紧密渠道关系的重要因素,越来越受到企业的重视和应用。本书提到的专用性投资专指渠道管理的关系专用性投资。

专用性投资已被企业广泛使用,且为企业带来了巨大的价值,但是随着时间的推移和市场环境的变化,专用性投资的成本在增加,投资效益在下降,伴随而来的机会主义行为困扰着制造商与中间商,最终影响了双方的合作。

近十年来,不少学者从不同角度对这一问题进行了探索,研究集中在专用性投资对渠道关系的影响、机会主义行为的控制与治理模式等方面,取得了丰硕的研究成果。但是随着研究的深入,学者们发现专用性投资所引发的机会主义行为是一个非常突出的问题,现有的研究仅从机会主义行为的结果、治理模式等方面着手是无法真正解决机会主义行为问题的。最根本的原因是,在专用性投资和发生机会主义行为的过程中,难以确定哪些类型的专用性投资和调节因素会导致机会主义行为发生,以及这些因素是怎样导致机会主义行为发生的。

本研究认为,在制造商专用性投资与机会主义行为的过程中,不同类型的专用性投资引发机会主义行为的概率是不一样的;另外两者之间也是存在中介变量和调节变量的,这些变量构成了机会主义行为发生的原因。机会主义行为是在特定的环境下发生的,竞争是对现在市场环境特征最主要的体现。因此在竞争环境下,研究制造商专用性投资对中间商机会主义行为的影响是非常有价值的。基于此,本书将以交易成本理论、网络理论和渠道关系等理论为基础,研究在竞争关系下,制造商专用性投资通过什么中介变量会导致机会主义行为的发生,特别关注哪些因素是中介变量发生变化的诱因,探究这些因素对机会主义行为产生影响的路径与机理,以此为依据提出相应的营销策略。

第二节 研究意义

一、理论意义

本项研究的理论意义有下列四方面。

(一) 专用性投资类型影响渠道关系质量

不同的专用性投资类型对机会主义行为的影响是不同的。现有的研究已经发现不同类型的专用性投资对机会主义行为的影响是有差异的,但这些研究比较零散,系统性不够,需要进一步明确不同类型的专用性投资对机会主义行为的不同效果与影响路径。

(二) 关系质量是专用性投资影响机会主义行为的关键变量

提出"关系质量"是专用性投资与机会主义行为之间的中介变量,是对渠道关系范式研究内容的深入和提升。营销渠道理论大致经历了渠道结构理论、渠道行为理论和渠道关系理论(Wilkinson,2001)三个阶段。这三个阶段根据研究的内容和重点,可以做如下划分:"效率范式",重点研究通过渠道结构和机构设计,获取由渠道专业分工和协同所带来的组织效率及经济效益(庄贵军,2000);"权力(冲突)范式",研究合作成员之间的权力分配、冲突解决和合作方式;"关系范式",研究渠道成员关系品质维度问题,如满意、信任和承诺等。专用性投资和机会主义行为的研究是在关系范式的范畴内进行更深层次的理论探讨。

(三) 确定"竞争关系"是讨论专用性投资与机会主义行为的新视角

大部分学者在研究专用性投资和机会主义行为时主要是以渠道双方内部作为切入点,完全忽略了渠道双方的合作是在一个商业网络结构中产生的,外部其他角色的作用更容易对机会主义行为产生影响。所以从竞争关系这一外部变量来研究专用性投资与机会主义行为是研究思路上的一次很好的尝试。

（四）探究竞争关系下专用性投资与机会主义行为的路径和机理

在竞争关系视角下,制造商的专用性投资将会面临竞争者专用性投资的影响,中间商不仅对原有制造商的专用性投资进行评价,而且还把原有制造商的专用性投资与另外一家有竞争性制造商的专用性投资进行比较。在此基础上将综合考虑其他因素,如制造商的品牌知名度、服务等,得出的结论无论优与差都将影响中间商对关系质量的认知。这种判断将会决定中间商产生机会主义行为的概率。本书将结合交易成本理论、商业网络理论、参照点理论和渠道关系理论等,在明确研究路径的基础上,进一步探讨背后的机理是什么。

二、实际意义

本项研究的现实意义有三个方面,详述如下。

（一）为制造商的专用性投资决策提供依据

目前企业在渠道关系管理中比较突出的问题如下:不知道是否该进行专用性投资、以何种专用性投资方式来保持与中间商哪种形式的合作、如何与竞争者争夺渠道资源,等等。这些问题已经严重影响了渠道关系和效益。本研究将区分专用性投资对关系质量的不同影响,并建立不同影响成立的条件,有利于制造商和中间商的专用性投资管理。

（二）引导制造商从关注专用性投资转为关注专用性投资不对等问题

自从专用性投资成为制造商与中间商建立紧密渠道关系的重要手段以来,中间商的机会主义行为也伴随而来。制造商认为这种现象是双方内部合作关系出了问题所致,一般会采取契约约束、关系规范、增加投资等方式来巩固合作关系,但是最后双方的合作仍然没能有效地维持,甚至出现关系破裂和对簿公堂的现象。经过深入分析发现,中间商的机会主义行为很多是由外部原因造成的,是由于出现了竞争者和外部环境的变化,引导制造商从关注自身专用性投资转为关注专用性投资不对等,这种不对等可使企业更加客观全面地认识机会主义行为发生的根源和本质,从而能够制定有针对性的营销策略。

（三）提醒制造商对于机会主义行为的治理要注重关系质量维持

制造商为了维护与中间商的合作关系,除了进行专用性投资,还经常采用契约、关系规范、质押等方式。这些方式主要在事前和事后发生效用,但是对机会主义行为发生过程缺少了解,也不能在事中进行调解和控制。关系质量可以成为机会主义行为的方向标,通过对关系质量的维护提升专用性投资的价值,同时也能减弱或消除机会主义行为。

第三节　研究框架和内容

一、研究框架

本书认为渠道管理中的专用性投资和机会主义行为的发生是一个从量变到质变的演化博弈的过程,这种演化结果是需要中介因素来传递的,即做出专用性投资决策后,双方进行合作,在合作的过程中,由于受特殊因素的干扰,首先受到影响的是双方的关系质量,以此为媒介,关系质量的下降会引发渠道双方对合作部分内容的不满,并利用专用性投资属性开展有利于己方的行为,如果期间没有有效的关系维护,最终将会导致机会主义行为发生。

基于上述分析,研究中以专用性投资类型作为自变量,关系质量作为中介变量,机会主义行为作为因变量,把专用性投资不对等作为调节变量,研究概念框架如图 1.1 所示。以此来研究:① 不同类型专用性投资对关系质量的影响;② 关系质量对机会主义行为的影响;③ 在带有竞争的专用性投资条件下,不同类型的专用性投资对原有关系的影响;④ 在带有竞争的专用性投资条件下,不同类型的专用性投资是否直接对机会主义行为有影响。

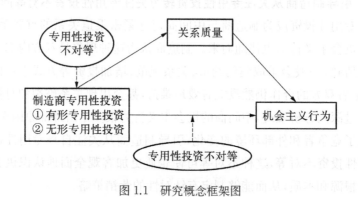

图 1.1　研究概念框架图

二、研究内容

本书主要从制造商的角度探究渠道专用性投资与机会主义行为之间的演化路径,深入分析导致中间商发生机会主义行为的本质因素和机制,研究内容分为三大部分。

一是分析制造商不同类型的专用性投资对关系质量的影响是否有差异以及在竞争对手加入的条件下对渠道关系质量是否有影响,主要对关系质量的哪些维度有影响。如对易变、短期性的维度影响大,则机会主义行为发生时间就会比较早,概率也高;如对关系质量的稳定性、长期性维度影响大,则机会主义行为发生的时间就会比较晚、概率也低。在专用性投资不对等出现的条件下,这种结果有可能不同。

二是验证关系质量是否是专用性投资与机会主义行为发生的中介变量。主要研究关系质量的高低是否与机会主义行为发生的概率有关、关系质量中哪些维度的降低更容易导致中间商机会主义行为的发生、关系质量的维度之间对机会主义行为的发生是否存在交互效应。

三是研究制造商不同类型的专用性投资在竞争对手的介入下,是否会直接导致机会主义行为的发生。竞争对手的介入将使制造商专用性投资出现不对等,把专用性投资不对等作为调节变量研究专用性投资类型与机会主义行为的关系,以期找出两者的作用机制,同时不同类型的专用性投资在专用性投资不对等的调节下有可能对机会主义行为产生不同的结果。

第四节　研究方法与路线

一、研究方法

本书采取的研究方法主要有文献研究和理论演绎、实证研究和定量研究、计量统计分析、案例分析法。

(一) 文献研究和理论演绎

以成本交易理论、契约理论、资源依赖理论、社会网络理论、参照点理论和演化博弈理论等为理论基础,对专用性投资、关系质量、机会主义行为的国内外文献进行了全面的回顾,在这些成果的基础上,对专用性投资的类型与机会主义行为的关系以及关系质量作为两者之间的中介的作用、专用性投资的不对等对机会主义行为的调节作用进行了理论推理和定性演绎,以建立起本书研究的理论框架和逻辑关系。

(二) 实证研究和定量研究

本书选取红酒会所、医药连锁、眼镜连锁、服装业为研究主体,采取问卷调研、案例研究和深度访谈等研究方法,通过实地考察和深度访谈方式了解专用性投资在渠道管理方面的绩效,并挖掘它们真正关注的因素和需求,形成新的变量和量表选项,与经典量表一起形成新的调研问卷。同时通过深度访谈也可以对原理论模型进行修正和完善,构建更准确的逻辑关系。问卷调查则可以为后期的变量研究、模型验证提供数据支持。

(三) 计量统计分析

本书采用了相关分析、独立样本 t 检验、方差分析、因子分析、多元回归分析、结构方程等多种数理统计方法,借助 SPSS、AMOS 等软件对概念模型和假设进行统计分析和验证。

(四) 案例分析法

本书选取悦庄酒业集团红酒会所作为研究对象,并对其所属的 76 家红酒会所中的 40 家会所进行为期 24 个月的跟踪和数据收集,实时记录公司做出的营销政策和会所营业额,并对其中近 60 家会所的店长进行深度访谈,把得到的资料经修整后加入研究内容中。

二、技术路线

本书主要通过对专用性投资类型、关系质量、专用性投资不对等和机会主义行为四个变量之间的关系分析,探讨专用性投资类型对机会主义行为影响的作用机制,主要遵循的技术路线如图 1.2 所示。

第五节　创　新　点

本书主要从以下三点做了创新尝试。

第一,区分不同类型的专用性投资作为研究专用性投资与关系质量和机会主义行为的自变量,是对专用性投资研究的进一步深化。以往学者的研究主要集中在研究专用性投资整体上对渠道关系与绩效的研究上,没有区分不同的专用性投资类型(魏玮,2006);在专用性投资对机会主义行为的问题上基本上是从控制力与成本锁定的角度去研究,忽略了不同类型的专用性投资对机会主义行为发生作用的机制是不一样的(钱丽萍,2010)。有形专用性投资可以从控制力和增加投资的维度去管理,但无形专用性投资是软性的,大部分无法通过经济收益予以衡量,需要新的治理方式才更有效。

第二,对专用性投资与机会主义行为的研究从内部分析转向外部因素,提出"竞争关系"是研究专用性投资问题的新视角。前期研究主要以制造商与中间商

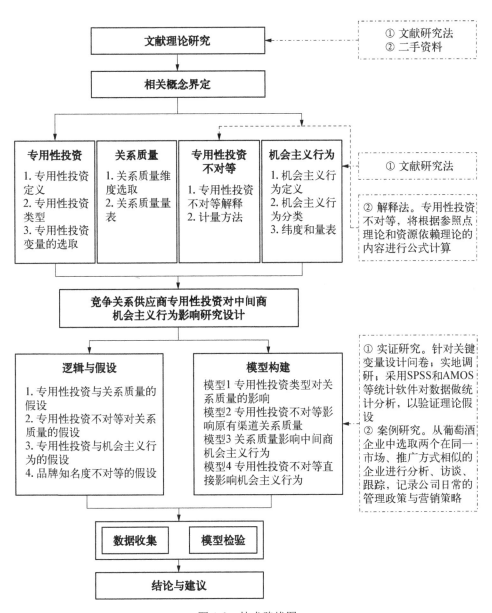

图 1.2　技术路线图

之间的合作作为研究切入点,在量表的设计上主要采用了 Anderson,Weitz (1992)的量表,所以在研究的结果上也主要得出双方内部如何管理机会主义行为。竞争者是市场网络中的一个重要节点,会对已存在的合作关系产生竞争影响以改变自身的市场状态,最终将会对原有企业间合作绩效产生影响(薛佳奇、刘益,2011)。大部分学者在研究专用性投资和机会主义行为时主要是以渠道双方内部作为切入点,完全忽略了渠道双方的合作是在一个商业网络结构中产生的,外部其他角色的作用更容易对机会主义行为产生影响。因而从竞争关系这个外部变量来研究专用性投资与机会主义行为是研究思路上的一次很好的尝试。

第三,本书认为关系质量是专用性投资与机会主义行为之间的中介变量,提出在进行专用性投资的同时应注重关系质量的维护。从溯源的角度,分析机会主义行为产生的原因,发现关系质量是机会主义行为发生的前置变量,而且关系质量的不同维度对机会主义行为的发生的影响程度也是有差异的,进一步揭开机会主义行为的黑箱。在专用性投资和中间商机会主义行为中加入中介变量进行分析,有助于解开内部的机理机制。

第六节 结 构 安 排

基于上述对研究内容与技术路线的分析,本书的结构与内容布局如下。

第一章,导论。简述研究背景、研究意义、研究框架与内容、研究方法与路线、创新点和结构安排。

第二章,文献综述。本部分先讲述渠道关系研究的范式演进,其次分别对专用性投资、关系质量、机会主义行为、专用性投资与渠道关系、专用性投资与关系质量、机会主义行为的治理等相关专题研究文献及最新成果进行梳理和评述,指出目前这一领域研究的不足和方向,旨在为本书的研究设计和假设提供理论依据和支持。

第三章,理论分析与研究假设。首先阐述书中所涉及的基本理论,如成本交易理论、资源依赖理论、契约理论、社会网络理论、参照点理论和演化博弈理论等;其次对本书研究的关键术语,如专用性投资、专用性投资类型、关系质量、专用性投资不对等、机会主义行为进行定义、内涵的界定;再次结合前期的研究成果,为专用性投资类型、关系质量、机会主义行为等选取具体的、经典的、得到公共认可的测量维度;最后是模型构建与假设。理清模型各变量之间的逻辑关系;提出专用性投资与关系质量,专用性投资与机会主义行为,专用性投资、专用性投资不对等与关系质量,专用性投资、专用性投资不对等与机会主义行为不同维度的一系列假设。

第四章,研究方法设计。本部分首先解释本书选取的样本和调研方法,主要选取了红酒会所和品牌服装等专用性投资比较普遍的行业,且行业竞争激烈,产业业态成熟;调研方法上采用了问卷调研、实地调研和深度访谈定量定性相结合的方式;其次是样本和数据质量管理,对效度和信度进行检测;最后是对统计方法的选择,本书主要用到了方差分析、相关分析、结构方程和回归分析等多种统计方法。

第五章,数据分析与结果。本部分首先进行样本数据整理分析,并根据本研究的研究思路和逻辑关系,对不同变量的关系进行数据检验和分析,以验证文中提出的假设并汇总数据分析的结果。

第六章,来自实验研究的结果。本部分通过对悦庄酒业集团下属的红酒会所进行为期 24 个月的调查和研究,设计一些实验环节以验证研究结论的可信度。实验结果在很大程度上证实了本研究的结论。

第七章,基于演化博弈视角的专用性投资决策研究。本部分从演化博弈的视角,来分析专用性投资的决策问题,并对不同条件下如何做出最优化决策做出了模型设计和判断。

第八章,研究结论和未来展望。首先,对本研究的主要结论进行深度分析;其次,指出其理论价值和管理启示;最后,提出研究存在的不足和未来的研究方向。

第二章　文献综述

本章围绕着渠道管理、专用性投资、关系质量和机会主义行为等主要变量对相关文献进行梳理，以期通过对文献的述评找出本研究的立足点和研究的价值。本章主要包括研究范式演变、专用性投资的概念及类型、专用性投资对渠道关系的效应、专用性投资与机会主义行为的治理机制研究、关系质量与中间商行为、专用性投资与关系质量六个方面内容，在此基础上总结这一领域研究的主要特点。

第一节　研究范式演变

渠道理论首先经历的是"渠道结构理论"阶段，其研究范式亦被称为"效率范式"；随着经济形态的变化，渠道理论进入"渠道行为理论"阶段，因为社会学、心理学等的加入，渠道行为理论研究的范式先后出现了"权力冲突范式"和"关系范式"。

一、渠道结构理论的"效率范式"

渠道结构理论主要有三种观点，分别是商业机构效率观点、渠道组织效率观点、渠道整合效率观点。三种观点的侧重点有所不同，商业机构效率观点认为商业机构与效率存在正相关关系（Converse，1933），渠道合作中机构、地点和时间效应是提高渠道效率的核心手段（Bulter，1923）。渠道组织效率观点认为渠道效率有赖于渠道系统内各组织效率的努力。职能专业化产生经济效益（Weild，1916），因此专业化中间商从事分销是合理的（刘宇伟，2000）。Breyer（1934）把心理学和社会心理学的内容纳入研究体系，提出从渠道整体组织的概念去量化渠道管理、提高渠道效率和加强渠道控制。Alderson（1950）认为应该通过延期原则把渠道系统和功能区分开来，从而使营销活动更加高效（郭毅等，2006）。渠道整合效率观点认为渠道组织效率是由各成员之间的整体效率决定的。如果渠道组织成员间合作顺畅，那就可能产生溢出效应，如果渠道成员间有冲突和矛盾，将导致交易成本太高，降低渠道的效率和效益（Leibenstein，1966）。

　　总结来说,"效率范式"营销渠道理论,是基于成本交易理论、关于合作和分工的研究。按照这一范式的思维如果能实现企业各自的高效率,那么整体渠道也是高效率的。而营销渠道效率来自成本降低、职业化分工和营销渠道设计等方面。所以结构范式缺陷也比较明显,主要是无法解释渠道成员之间以关系为特征的过程发生机制,过多地考虑已存在功能上的相互依赖,忽略对企业间互动关系的考虑。所以效率范式主要用于解释渠道资源和职能怎样在各渠道成员间进行分配,以提高经济效率,而企业的决策也是围绕如何通过内部交易或外部交换实现效益的最大化。

二、渠道行为理论的"权力冲突范式"

　　行为经济学着重研究各个渠道成员绩效的治理机制设计(Stern,1969)。这种范式治理的主题思想是权力的建立和应用,服从于协调渠道成员间的整体目标(Frazier,1983;Gaski,1984)。认为对渠道关系影响因素的研究主要包括承诺、信任、沟通、权力、合作、冲突的解决等行为因素。西方学者认为权力、冲突与合作都源于组织之间的依赖。Stern 和诸多学者研究了渠道控制、渠道行为、权力、冲突、组织间关系、关系交换规范和跨组织联盟等问题,从而建立了"行为科学导向"的营销渠道理论。因内容和问题的侧重点不同,行为科学范式又分为"权力冲突范式"和"关系范式"两个阶段。而"关系范式"与整个营销理论研究导向的逻辑演进相一致,在对现实问题的解释上有很大的说服性,表现出强大的生命力,因此成为营销渠道理论的主导逻辑。

(一)营销渠道权力研究

　　Coughlan(2003)认为渠道权力是"一个渠道成员使另一个渠道成员去做他原本不会做的事情的一种能力",即一种影响力。Stern(1969)是对渠道研究最早的学者,他认为渠道管理方由一组专业机构组成,成员之间彼此有一定程度的依赖关系,依赖和承诺是理解权力的关键。Stern 将社会心理学家 Emerson(1962)的依赖—权力学说引入渠道领域,主要目的是想论证渠道成员之间的相互依赖关系和由此引致的权力分配。French,Raven(1959)把权力的来源分为五种,分别是奖赏权、强制权、合法权、感召权和专长权。而 Lusch,Brown(1982)的研究将渠道权力的来源分为经济性来源(奖赏权、强制权和合法权)及非经济性来源(专长权、感召权和信息权)。

(二)营销渠道冲突研究

　　权力、冲突和合作的根源在于渠道成员间依赖关系不对等。营销渠道关于

"冲突"的定义是"一个渠道成员感知其他渠道成员正在阻挠或干扰其目标实现的行动的情形"(Gaski,1984)或"一个渠道成员意识到另外一个渠道成员正在从事某种会伤害、威胁其利益的行为",可以看出冲突的本质是目标和利益的冲突。Kotler(1967)将渠道冲突分为三种类型,分别是垂直渠道冲突、水平渠道冲突和多渠道冲突。国外学者关于冲突类型的分类见表2.1。

表 2.1　国外学者对冲突类型的分类

作　者	依　据	类　别
Lany. J Rosenberg & Louis W. Stern	渠道冲突的中心问题	日常行为冲突(主导权、独立性、主动性、灵活性、地位、沟通);特定的业务问题冲突(价格保护、库存、利润水平和促销等)
Cadorte Emest R & Louis W. Stern	渠道冲突发展周期	隐性冲突;显性冲突
Philip Kotler	渠道组织形态差异性	垂直渠道冲突、水平渠道冲突和多渠道冲突
Anne T Coughlan 等	渠道冲突性质	建设性渠道冲突和破坏性渠道冲突
Magrath & Hardy	矛盾强烈程度、重要性和频率	高度冲突区、中度冲突区和低度冲突区

学者们倾向于认为,营销渠道中的冲突是不可避免的,其根源在于渠道成员间的依赖性。Mallen(1963)指出交换行为中嵌入了不可避免的利益冲突。归纳可知,冲突根源主要有三点:一是渠道成员的目标不相容;二是渠道成员对于现实的不同理解;三是渠道成员关于自身领域的认识不一致(Coughlan,2003)等。Magrath 和 Hardy(1989)描述了制造商和中间商之间的目标分歧,而激发渠道冲突的原因主要有冲突的历史积累和威胁等。

表 2.2　国外学者对渠道冲突成因的研究

作　者	类　别
Robert W. Little	渠道成员间目标差异,对专业化分工定位有分歧,信息传递存在误差和联合决策机制不畅通导致失误
Lusch	各渠道成员行为是权力之间博弈的结果。制造上的不同权力会对渠道冲突产生差异性的效果,非强制权力易造成过程和环节的冲突,而强制权力容易导致冲突激化

续　表

作　者	类　别
Anne T Coughlan 等	渠道成员对目标的追求、对范围的界定、对现实的理解越不一致,渠道冲突越大
Louis W. Stern 等	渠道冲突成因主要来自目标分歧、对事务的不同理解以及行业差异
Bertrosenb loom	角色对立、资源稀缺、感知差异、展望差异、期望差异、决策领域分歧、目标不一致、传播障碍等
Joelip Evans	成员之间的目标不一致
Philip Kotler	冲突原因有成员目标不一致,任务和权力不明确,感觉差异和相互之间高依赖性

对于渠道冲突成因,国内学者一致认为:合作链中渠道成员利益不一致是导致渠道冲突的根源所在(朱玉童,2009;朱秀君,2002)。庄贵军(2004)认为使用渠道强制性权力会导致渠道成员之间较高水平的冲突。国外学者对渠道冲突成因的研究见表 2.2。

(三) 关于权力与冲突的研究

大部分学者的研究都将权力和冲突的关系看作一种因果关系(Gasi,1984),如 Raven 和 Kruglanski(1970)认为强制性权力将会带来更高的冲突性;有些学者认为两者有一种与生俱来的关系,因为都是对关系和资源的依赖而引发的。美国学者 Gasi(1984)做了一个十分全面的文献模型,如图 2.1 所示。

国内学者庄贵军、周筱莲(2002)认为用强制性权力,将会带来更高的渠道冲突,非强制权力对渠道冲突没有显著影响。张闯、张涛(2015)网络视角的研究也表明非强制权力对渠道冲突没有显著影响,但对是否影响渠道效率没有给出结论。

三、渠道行为理论的"关系范式"

渠道行为理论的"关系范式"主要研究渠道成员的满意、信任、承诺等。这些内容促发了关系营销理论的产生。关系营销理论指导着渠道关系管理的实务,是关系营销在渠道管理的具体呈现;反过来渠道管理的研究又充实了关系营销理论的内涵。

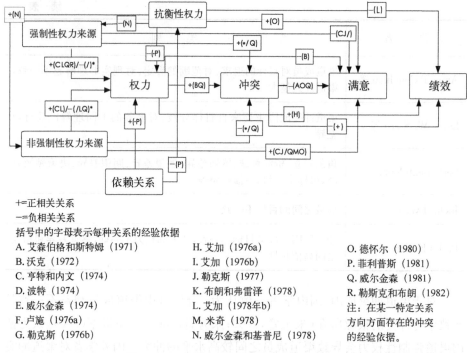

+=正相关关系
-=负相关关系
括号中的字母表示每种关系的经验依据

A. 艾森伯格和斯特姆（1971）	H. 艾加（1976a）	O. 德怀尔（1980）
B. 沃克（1972）	I. 艾加（1976b）	P. 菲利普斯（1981）
C. 亨特和内文（1974）	J. 勒克斯（1977）	Q. 威尔金森（1981）
D. 波特（1974）	K. 布朗和弗雷泽（1978）	R. 勒斯克和布朗（1982）
E. 威尔金森（1974）	L. 艾加（1978年b）	注：在某一特定关系
F. 卢施（1976a）	M. 米奇（1978）	方向方面存在的冲突
G. 勒克斯（1976b）	N. 威尔金森和基普尼（1978）	的经验依据。

图 2.1　Gasi 关于权力与冲突的研究模型图

（一）关系营销概念

关系营销的研究始于 20 世纪 70 年代，是北欧诺丁服务营销学派和产业营销学派率先提出并发展起来的。而关系营销概念是 Berry 于 1983 年首先提出并界定的，他认为"关系营销的本质是吸引、保持和扩展顾客关系"。Jackson(1985)把"获得、建立和维护与产业用户的关系"作为关系营销的核心。Morgan,Hunt(1994)认为"关系营销就是建立、发展和维持同顾客成功的交换关系"。相比而言 Gronroos 的概念最为全面，他于 1996 年指出："关系营销就是找出和建立、维持和增进与顾客和其他利益相关者的关系，以便所有涉及各方的目标都能达到。"其他各种定义，见表 2.3。

表 2.3　关系营销的定义

研究学者	定　　义
Berry(1983)	在多重服务组织中，以吸引和维持来加强顾客的关系
Jackson(1985)	关系营销是与个别顾客发展稳固、持续关系的营销导向

续　表

研究学者	定　　义
Gporoom(1989)	建立、维持和加强与顾客及其伙伴的关系,经由相互交换和实践承诺来达成满足双方的目标
Copnsky & wolf (1990)	关系营销目的是建立一种比较有效率的营销方式,旨在通过一些相关的产品和服务来发展一种同消费者的持续关系。
Bern & Parasuman (1991)	是吸引、发展和保持客户关系
Doyle & Roth	关系营销的目标是与重要客户发展信任关系,以获得优先的资源
Gummesson(1993)	是一种讨论互动、关系和通路管理的策略
Exams & Laskm (1994)	是企业与顾客建立长期联盟,共同为特定目标努力的一种过程
Morgan & Hunt	为建立、发展和维持成功的交换关系所进行的一切活动
Bennan	以信任和承诺为基础在买卖之间建立及维持长期的关系

从表 2.3 中我们可以看出关系营销定义的一些规律。一是关系营销的影响因素是承诺、互动、信任等;二是关系营销不仅在特定的产业或者部门进行,而且已经贯穿整个营销的过程和对象;三是关系营销的核心概念是"关系",怎样建立、发展和维持关系是关系营销研究的关键问题。

(二)渠道关系理论

对渠道关系比较标准的定义是营销渠道中各相互依赖的独立机构为促使产品或服务被消费所构成的联系(Styles & Ambler,2003;Dwyer,1987)。

关系交易是相对于离散交易而言的,关系交易有着明确的交易渊源和社会背景,从而在理解共同目标上有着很好的基础。渠道关系理论的主要观点有两点,一是认为合作重点关注交易关系中的买卖双方,认为交易双方是互依、互换、互惠和长期信任的关系,而交易也主要发生在具有长期关系的"内部市场"。在长期关系中买者可以获得更优产品,卖者可以获得产品质量提升、绩效改善和成本持续降低等利益。二是认为短期导向属于市场交易,而长期导向则是关系交换。按照组织间关系的目的和性质,将组织间关系分为"交易关系""合作关系""伙伴关系"和"联盟关系",为我们全面理解渠道间关系的性质提供了理论依据。

（三）渠道关系模式

渠道关系的模式可以分为交易型渠道关系、关系型渠道关系以及混合型渠道关系三种。

1. 交易型渠道关系

Dwyer(1987)认为交易型渠道关系仅以交易为基础，双方关注的是自己的切身利益，考虑的是短期性的交易。由于渠道成员之间是相互独立的，无法对渠道交易的双方进行有效的监督与控制，这便产生了为追求自身利益最大化的渠道成员机会主义行为。

2. 关系型渠道关系

Schurr(1987)指出，关系型交易的基础是感情、信任等因素，渠道成员间的合作是一个持续进行的过程。关系型渠道关系可持续发展的前提是成员间不断地进行沟通、合作与交流。

3. 混合型渠道关系

混合型渠道关系是介于前两者之间的一种渠道关系模式，由于处在交易型渠道关系与关系型交易关系之间，混合型渠道关系缺少关系型渠道关系中长期合作及责任与利益共享的机制(Dwyer，et al.，1987)。

（四）渠道关系的治理机制

渠道关系的治理机制主要是指用来规范、协调、分配和控制渠道成员间的利益和行为等，降低成员间冲突，减少机会主义行为，从而实现渠道收益最大化的一系列手段与制度。渠道治理方面的学者主要是 Heide、Weitz 和 Jap，Heide 的主要观点有契约与信任是加强渠道成员关系的两种有效治理机制(Heide，1994)；单一的治理机制不如多种形式的治理机制更有效(Heide，2003)；Weitz，Jap(1995)将契约与信任两种治理机制拓展为三个方面，即契约、权威及规范。Cannon(2000)主张将所有权控制与契约治理两个方面结合起来，或者将契约和规范结合起来，对渠道进行有效的治理。一些学者对此提出异议，如胡保玲(2008)认为管理人员在进行渠道治理时，过分地关注渠道关系本身，却忽略了渠道价值，易使渠道治理机制决策出现失误。唐华和赵宇娜(2010)也指出不能够将高品质的渠道关系作为渠道关系治理的唯一评价指标，只有把维护关系成本与收益结合起来，才能取得理想的治理效果。

四、小结

渠道研究范式的演变是和整个社会经济发展的不同阶段联系在一起的，企

业在不同阶段出现的本质问题是渠道管理在不同阶段的主要内容,渠道理论发展主要有三个特点:

（一）从范式上由效率范式向行为范式发展

"效率范式"是以成本交易理论的角度作为出发点,把渠道效率作为合作的首要目标,更多涉及的是经济效益的内容。渠道效率来自渠道各成员的总和,如何实现渠道成员效率最大化是效率范式的核心内容。同时效率范式是按照组织结构的性质研究渠道合作,没有涉及渠道组织的社会性和人格特征。

"权力冲突范式"揭开了渠道成员社会性的一面,分析因实力、资源、依赖程度和目标的不同可能会造成的渠道冲突和决裂,最终影响渠道的效率和效益。因此这一范式将渠道协调当作首要目标,发掘了依赖性、权力和冲突对渠道目标的影响,但同时这一范式也忽略了渠道总体绩效目标,因为渠道的和谐不一定达到总体最优。

"关系范式"则和"权力范式"有所不同,一是区分了交易营销和关系营销,将长期关系意愿、渠道成员满意等纳入渠道绩效的范畴;二是挖掘渠道成员间协同工作的深层社会因素,如信任和承诺等;三是渠道绩效目标过于偏向社会化因素,与营销渠道传递和创造价值的本质目标有了一定的偏差。

（二）"交换"内涵和方式得到扩展

从"交易"到"关系"的分析范式的过渡,说明交换（exchange）是营销和渠道实践的核心。关系范式使市场营销观念从经济领域拓展到社会领域（Kotler & Levy,1969）,这种拓展的思想基础是社会交换理论。社会交换理论的一个重要观点就是认为人类的相互交往和社会联合是一种相互交换过程。交换的既可以是经济价值的要素,也可以是各种无形社会关系要素。营销中的"关系"应从社会学角度找出更为本质的内涵,如 Hunt（1976）认为"市场营销学是寻求解释交换关系的行为科学"。包含互动过程的社会交换把很多经济交换嵌入社会关系（网络）中,作为新经济社会学的嵌入性理论是很好的创新。社会交换理论把交易活动抽象为"交换"的做法,则解决了营销观念向社会领域的拓展所必须完成的交换概念的融合问题。

（三）研究主体由单一关系向多元关系演进

在早期的渠道理论研究中,基于成本交换理论的指导思想,研究主体一般是一对一的单一关系,主要研究双方的合作问题,后期虽然由于行为理论的加入,增加了对双方权力和关系的研究,但是仍然基于对双方合作问题的研究。近十年来,由于网络理论被广泛接受,加上网络经济和信息经济的发展,企业越来越处于一个网络结构中。结构洞理论和网络嵌入理论的发展,让研究主体从单一关系向多元关系演进,如 Burt 的"结构洞"理论,Calaskiewicz,Zaheer(1999)关于联系的性质与网络成员行为和绩效的研究,Kale(2000)等人对于网络管理能力的研究。国内学者庄贵军(2008)、钱丽萍(2014)、刘益(2010)认为无论是制造企业还是中间商都处在一个网络结构节点上,必须从网络的特性和企业在网络的控制力方面研究多方主体行为,这样才能更好地研究单一主体行为。

第二节　专用性投资的概念及类型

专用性投资是一个从资产专用性衍生而来的概念,在内涵上更多来源于经济学和成本交易理论的内容。关于专用性投资的分类,随着其他理论的发展,不断有新的内容加入进来。

一、专用性投资的概念

专用性投资是脱离核心交易关系就只有很少价值或者没有价值的资产(Williamson,1985)。按照专用性投资的概念可以把专用性投资解读为特指交易双方为了特定目的(交易关系、竞争需要、共同发展等)而进行的专用性资产投资。Aksel I,Rokkan(2003)认为专用性投资是为维护双方交易关系而进行的耐久性投资,它一旦投资于某个领域就会锁定在特定形态上,若再作他用就会贬值或者失去价值;Jap(2000)认为关系专用性投资是行为主体为了特定交易伙伴而进行的投资,如果用于其他用途则会出现价值大幅贬损现象。

关于专用性投资的概念,各位学者的定义基本一致,一般都包括投资的专用性、价值与特定对象的绑定、脱离核心交易的贬值性等内容。

二、专用性投资类型

(一)专用性投资类型

Williamson(1981)根据专用性投资的内容多样性把专用性投资分为:地点专用性(site specificity)、物质资产(physical assets)和人力资产(human assets)。地点专用性是指由于交易参与方之间所处位置的靠近,而使得存储和运输费用更为经济。物质资产主要表现为利用专门设备来生产产品或者零部件。人力资产则是指由于学习如何完成交易而投入的专用资产。Williamson(1991)又扩展了专用性投资的范围,增加了专门的资产、品牌资产和时间资产。Jackson(1985)把专用性资产分为物质资产、人力资产和流程,持有这种观点的还有

Heide 和 John(1988)、Corsten 和 Kumar(2005)。Blumberg(2001)则提出社会资本也是构成专用性投资的一个重要内容。

（二）专用性投资类型

Subramani 和 Venkatraman(2003)基于资源类型把专用性投资分为有形和无形两个方面；与之相类似的分法有：Nielson(1996)把渠道关系中的专用性投资分为硬件资产和软件资产，其中硬件资产侧重材料和物质的投入，主要指有形的或者物质的资产；而软件资产则侧重人力、技术和流程，反映双方在关系中专门的人力、流程、时间、专利等资产的投入。

因文化因素，东西方企业对专用性投资的理解也存在差别。在东方国家，企业在商业合作中还十分关注合作双方私人关系的发展。Xin 和 Pearce(1996)把这种私人关系也视为一种专用性投资。Lovett(1999)等人认为，人情交换和私人关系构建的网络对中国和东北亚国家的商业合作价值重大。Luo 和庄贵军(2007)等学者指出私人关系是影响中国企业组织间商业行为的关键变量，成员间的私人关系能够起到信誉保证、互惠和消除矛盾等作用，但是关于人情关系这种专用性投资的作用很难得到量化的验证。

尽管这些研究涉及了多种类型的专用性投资，但回顾已有的渠道关系文献发现，对专用性投资类型的分类还是集中在固定的几个方面，如物质资产、人力资源和流程上。Lohtia 和 Karpfel 对 87 篇关注专用性投资的文章进行了梳理，其中有 63 篇关注的是人力资源的投入，另外有 24 篇文章研究的是物质资产的投入。我们通过对国内学者近 20 年 68 篇专用性投资文章进行分析，发现国内学者对专用性投资类型做明确细区分的很少，只能根据文章的内容进行整理。在 68 篇文章中，有 28 篇研究的是物质资产，14 篇研究人力资本，11 篇研究培训、流程，10 篇研究品牌和知识专利，5 篇研究私人关系和感情的投入。可以看出学者对专用性投资类型的认知存在很大的差异性，表 2.4 归纳了现有研究中涉及的专用性投资类型的主要信息。

表 2.4　现有研究中涉及的专用性投资类型

作　者	篇　名	类　型
Williamson (1981,1991)	Comparative Economics of Organization: The Analysis of Discrete Structural Alternative	地点专用性；物质资产；人力资产；专门的资产；品牌资产；时间资产

续　表

作　者	篇　名	类　型
Jackson(1985)	Winning and Keeping Insdustrial Customers: The Dynamics of Customer Relationships	物质资产；人力资源；流程
Aderson(1985)	The Salesperson as Outside Agent or Employee: A Transaction Cost Analysis	设备投资；人力资源；流程
Sekman & Strauss(1986)	Drivers of Commitment and its Impact on Performance in Cross-cultural Buyer-seller Relationships: The Importer's Percepitive	耐用资产；人力资源；流程
Heide & John (1988)	The Role of Dependence Balancing in Safeguarding Transaction-Specific Assets in Convetional Channels	物质资产；人力资源；流程
Nielson(1996)	An Empirical Examination of Switching Cost Investments in Business-to-Business Marketing Relationships	硬件资产；软件资产
Joshi & Stump (1999)	The Contingent Effect of Specific Asset Investments on Joint Action in Manufacturer-Supplier Relationships: An Empirical Test of the Moderating Role of Reciprocal Asset Investments，Uncertainty，and Trust	物质资产；人力资产
Artz & Brush (2000)	Asset Specificity，Uncertainty and Relational Norms: An Examination of Coordination Costs in Collaborative Strategic Alliances	物质资产；人力资源；时间
Blumberg (2001)	Cooperation Contracts between Embedded Firms	物质资产；人力资本；社会资本
郑志刚(2001)	产权作为提供专用性投资激励机制的缺陷和通路管制理论	产权
张珩、黄培清 (2002)	企业供应关系的制造商专用性投资	物质资产；信息资产
Subramani & Venkatraman (2003)	Safeguarding Investments in Asymmetric Interorganizational Relationships: Theory and Evidenced	有形资产；无形资产

续　表

作　者	篇　名	类　型
Corsten & Kumar(2005)	Do Suppliers Benefit from Collaborative Relationships with Large Retailers?	物质资产；人力资本；流程
钱春海(2005)	"资产专用性"在现代经济理论中的应用分析	有形资产、无形资产和金融资产
刘益(2006)	制造商专用性投资与感知的合作风险关系发展阶段与控制机制的调节作用研究	物质资产、时间
吴义爽、吴义刚(2006)	资产专用性理论局限性评述	物质资产；流程；战略资产
曲洪敏(2007)	中间商弥补性投资对专用性资产防御的实证研究	物质资产；感情资产
高维和(2008)	网络外部性、专用性投资与机会主义行为——双边锁定与关系持续	设备投资；工作流程；培训
庄贵军(2008)	社会资本与关系导向对于营销渠道中企业之间沟通方式与策略的影响	人际关系、社会资本
彭雷清、张丽娜(2008)	专用资产、关系规范对渠道中机会主义行为影响的实证研究	设备资产；人力资本；培训资本
武志伟、陈莹(2008)	专用性投资、关系质量与合作绩效	有形资产；无形资产；人际关系
王德建(2008)	资产专用性、沉没投资与治理结构分析资产专用性、沉没投资与治理结构分析——基于交易成本与企业能力的观点	物质资产；特殊能力
王国才、刘栋(2011)	营销渠道中双边专用性投资对合作创新绩效影响的实证研究	物质资产；人力资产
薛佳奇(2011)	竞争关系下制造商专用性投资对中间商机会主义行为的影响	物质资产、流程
钱丽萍、高伟(2014)	制造商专用性投资对中间商长期导向的影响	有形投资；无形投资
汪涛、秦红	专用性投资对机会主义的影响——以汽车行业4S专营店为例	物质资产

第三节 专用性投资对渠道关系的效应

专用性投资具有双重特性,一方面它已成为企业构筑合作关系与网络的主要部分,是企业竞争力的体现,且具有更大的创造价值能力,能够为渠道成员带来更多的收益(Ghosh & John,1999;Jap,1999);另一方面它在特定关系之外价值极低,若多次利用还将承受价值贬损和新的投资(Wathne & Heide,2000),尤其实现关系依赖不对等,容易发生机会主义行为(魏玮,2006;高维和,2008)。鉴于专用性投资的两个方面,关于关系专用性投资在渠道关系中的作用研究也分为两个方面:一是研究专用性投资对渠道关系的正面效应,如对经济收益、满意、承诺信任、渠道绩效、知识创新、共生等行为的积极影响;另一方面针对专用性投资本身具有的沉没成本特征,探讨专用性投资与机会主义行为及与此有关的控制机制和治理结构。

一、专用性投资对渠道关系的正面效应

从企业性质分,渠道关系的主要参与方——制造商和中间商之间,是一种二元关系,从网络结构讲还有一个角色是渠道网络。专用性投资将会对专用性投资方、被投资方和整个渠道网络产生影响,因此专用性投资影响也分为三个方面:对做出专用性投资方的影响、对被投资方的影响和对整个渠道网络的影响。从渠道内容层面看专用性投资对渠道关系的影响主要集中在关系质量、合作行为、关系价值和能力创新等方面。

(一) 关系质量

专用性投资有利于提升双方的关系质量。Heide,John(1990)发现,制造商专用性投资能够提高它的制造商对双边关系持续性的预期。Anderson,Weitz(1992)认为专用性投资是一种有效的立誓手段,是对接收方的一种承诺信号。Gilliland,Bello(2002)认为由于专用性投资所带来的转移成本,做出投资的一方会增加其对关系的算计性承诺。Morgan,Hunt(1994)从关系强度的角度,认为专用性资产投入可彰显企业对合作关系的诚意和发展长期关系的信心。Ping(2003)从社会学理论的角度,论证了专用性投资的增加能够提升关系的满意度。

从实证的角度,Skarmeas,Katsikeas 和 Schlegelmilch(2002)以出口商为研究对象,认为专用性投资提升了中间商对渠道关系的承诺。这一观点也得到了

Lohtia(2005)的支持。Handfield，Bechtel(2002)的实证研究结果也显示，制造商的地点专用性投资会增强中间商的信任。武志伟(2008)通过实证研究得出：专用性投资对关系强度、关系公平性和关系持久性都具有积极的促进作用。刘益(2006)通过对日本汽车业的分析认为，专用性投资强化了企业间的信任、承诺和合作，提升了关系品质。魏旭光、康凯(2013)把专用性投资作为中介变量，研究发现专用性投资可以提高生产企业间的信任和合作满意度。

（二）合作行为

一些研究发现，专用性投资有助于延长渠道关系持续时间、建立良好的关系范围和推动渠道成员的合作。Joskow(1987)通过对煤炭制造商与电厂的研究发现，当专用性投资在渠道中的重要性增强时，参与方会倾向于建立更为长期的渠道关系。Jap 和 Pelton(1999)等人的研究发现，专用性资产的专用性越强，越能激励双方发展长期伙伴关系。Celly，Spekman(1999)和 Claro，D P(2006)发现，制造商专用性投资能够推动中间商提供关键信息，并根据制造商要求做出调整，最终增强关系的稳定性。Joshi，Stump(1999)发现制造商的专用性投资会推动其与制造商之间共同参与零部件设计等合作行为。Brown，Dev 和 Lee(2000)认为，做出专用性投资的一方表达了对于关系的忠诚以及维持意愿，这样可以有效地解决关系中的冲突。钱丽萍(2014)认为专用性投资通过信任和依赖调节变量的作用影响双方的长期合作意愿。刘婷、刘益(2012)认为专用性投资越多，越会抑制机会主义行为的发生。

专用性投资可以促进双方共生行为的发生。学者 Wang，Huang 和 Lee(2001)认为，代工企业的专用性投资显著促进了代工双方的一致行动，并显著改善了它们的创新能力。刘益(2006)认为，专用性投资极大地促进了人才、知识和技术在渠道伙伴间的传递，有利于技术进步和产品创新。许景、王国才(2009)在研究契约问题时发现，正式契约和关系契约可使单边专用性投资产生的机会主义降低。两人又通过实证研究得出，双向专用性投资可以促进渠道成员的关系学习(王国才、许景，2010)。刘益、钱丽萍(2010)对 20 家电器制造商的实证研究，间接反映了制造商的渠道战略会对中间商的知识转移产生影响。

（三）关系价值

一些研究认为由于专用性投资具有针对性、异质性、模仿性低、替代性小的特征，可以成为企业的竞争优势条件，为渠道带来额外的价值(吴义爽、吴义刚，2006)。Klein 等(1978)借用经济学中的"可占有准租金"来体现专用性投资的价值创造效应。Dyer，Singh(1998)提出了"关系租金"的概念，认为关系租金是由交易各方联合创造的超常利润。

Jap(1999)认为,专用性投资和协调努力是买卖双方"做大蛋糕"的重要因素。武志伟(2008)认为人情专用性投资可以提高普通专用性投资的使用水平。刘益(2006)也认为专用性投资促进了合作双方核心能力、关键资源的累积和增长,并且强化了生产价值链、经营价值链以及渠道供应链的功能。

Parkhe(1993)发现专用性投资能提升渠道关系绩效。Artz(1999)通过实证发现,在一个二元交易关系中,双向专用性投资能够有效提高合作关系的绩效。吴义爽和吴义刚(2006)以专用人力资产为例,认为专用人力资产有助于促进渠道伙伴之间的沟通和企业文化的融合,提高协调水平。范黎波、吴勇志(2009)从网络理论的角度,认为现有参与者的专用性投资价值因新的参与者加入而不断增值,同时新的参与者也将获得专用性投资的收益。

二、专用性投资对渠道关系的负面效应

专用性投资对渠道关系的负面效应集中在价值风险和机会主义行为两个方面。因专用性投资特定交易价值的贬损特征,会带来潜在的沉没成本,做出专用性投资的一方易被锁定在特定关系中,增加对交易方的依赖,使合作处于不对等状态(Achrol & Gundlach,1999;Jap & Ganesan,2000)。王德建(2008)认为专用性投资与沉没成本是伴生的,进行专用性投资的一方将会形成企业异质能力,但一旦不成功将会成为企业投资的沉没成本。从投资者的角度,专用性投资限制了投资可能的决策,使其不得不维持交易关系。不少学者认为,专用性投资在条件不恰当或者缺乏合理的治理机制的情况下,极易产生机会主义行为(Heide & John,1990;Klein,1996;Achol & Gundlach,1999;Jap & Ganesan,2000)。高维和(2008)从网络外部性的角度,阐述了专用性投资由于"锁定"效应将会产生机会主义行为,并由优势一方主导利益的分配。

理性投资方会意识到自身风险,以怀疑的心态对待专用性投资的接收方(Artz K W & Brush,2000)。Jap,Ganesan(2000)发现,中间商的专用性投资与他们感知到的制造商承诺水平呈负相关。刘益、钱丽萍(2006)通过实证研究发现制造商的专用性投资会增加其感知的合作风险。Jap,Ganesan(2000)发现,中间商进行专用性投资后,双方的依赖关系改变,容易引发制造商机会主义行为。Rokkan,Heide 和 Wathne(2003)检验了中间商专用性投资与制造商机会主义行为间的关系,实证发现两者没有显著关系。但是高维和、黄沛(2006)通过实证发现,虽然中间商专用性资产投资会导致制造商机会主义行为,但这种效应会随着

双方交易时间持续发生改变。

第四节　专用性投资与机会主义
行为的治理机制研究

专用性投资与渠道关系的治理机制主要围绕着如何使专用性投资发挥最大化效益和最优水平展开,而影响效益和最优水平的主要问题是价值贬值和机会主义行为。其中机会主义行为是专用性投资中关系治理的核心问题,不少研究关注了如何使用合理的治理模式来防范和降低机会主义行为的风险和损失。

一、机会主义行为

(一) 机会主义行为定义

机会主义行为是指不道德地追求自我私利(Barney,1990),其形式主要包括说谎和欺骗(如扭曲、隐瞒和误导信息);也有更狡猾形式的欺骗,如违背契约、逃避履行责任和义务、拒绝根据环境的变化进行相应的调整等(Wathne & Heide,2000)。

(二) 机会主义行为类型

机会主义行为是一个极其复杂且具有动态性的行为(Wathne & Heide, 2000)。基于渠道成员违背合同的类型,学者们将机会主义行为划分为两个维度。Wathne(2000)等人把机会主义行为分为"露骨"的机会主义行为和"合法"的机会主义行为。Luo(2006)将机会主义行为分为"强形式"机会主义行为和"弱形式"机会主义行为。"露骨"和"强形式"的机会主义行为是指明显的违反正式合同规定的行为;而"合法"和"弱形式"的机会主义行为则是那些虽然没有违反正式合同规定的条款,但是却违背关系规范的行为。

(三) 机会主义行为形成机制

Luo(2006)和Brown(2003)等人的研究认为环境不确定性和关系不对称性是导致机会主义行为产生的主要原因。环境不确定性主要是企业外部市场环境和政策环境的波动性及不可预测性;关系不对称性则是企业间资源、文化、目标等的不一致和不匹配。当交易伙伴面对内外部不确定性时,机会主义行为就可能发生。

1. 环境不确定性

外部环境不确定性包括:市场波动性、信息不充分、政府规范变动性等。这种环境的不确定性降低了渠道成员的期望收益,破坏了期望产出的稳定性。当市场不可预测或结果不可控时，渠道成员会倾向于实施机会主义行为，逃避责任或进行主动欺骗。市场波动性程度高，渠道管理者可能会降低关系承诺以避免不确定性带来的风险。信息不充分性也不利于信任、容忍和互惠关系的形成。当市场信息不充分时，交易的关系成分降低，算计性会提高；Brown 等（2003）指出，如果渠道成员认为渠道关系收益有较强的不确定性，那么就会倾向于采取机会主义行为。

2. 关系不对称性

渠道成员关系不对称性主要有感知不公平、目标不一致、资源不匹配、力量不对等、文化不兼容。当渠道成员认为受到不公正的待遇，关系网络会受到损害；渠道中不公平的交易状态会导致渠道成员的不满；目标一致性可以促使渠道双方采取互惠互利的行为，目标不一致则会破坏相互依赖性和关系稳定性，促使渠道双方仅关注自身的利益；Dyer，Singh（1998）认为，资源不匹配会导致双方在合作运营中的协同度降低，更多追逐自身利益，引发机会主义行为；力量不对等可以来自资源依赖不对称性，力量强势的一方在谈判中处于有利地位，这刺激了强势一方采取机会主义行为侵占弱势一方的利益。渠道成员在文化上的差异，会演化为在风险共担、资源共享、资源配置和战略规划上的分歧，也会导致机会主义行为的发生。

二、专用性投资治理模式选择研究

很多学者从不同理论视角研究了机会主义行为治理机制，其中交易成本理论和社会交换理论是机会主义行为治理最重要的理论基础，由这两个理论分别衍生出契约治理模式和关系治理模式，这两种模式也是主流的治理机制。

（一）契约治理模式

契约治理机制的思想基础是交易成本理论、社会交换理论和关系营销理论。主要的治理模式有正式契约（Jap & Ganesan，2000）、质押（Anderson & Weitz，1992）、信息共享（Noordewier，John & Nevin，1990）、制造商认证（Heide & John，1990）、共同制定计划（Heide & John，1990）、准整合（Zaheer & Venkatraman，1994）。但一些学者也从资源—依赖理论、网络理论和博弈论的角度探索其他治理模式的可能。由文献梳理可知，对机会主义行为的治理经过了正式制度治理（如法律、组织和市场）、非正式制度治理（如声誉、企业文化和道德等）再到混合治理的演变路径（于江等，2009；应瑞瑶等，2006）。

Sheng（2006）认为保护专用性投资的一个有效办法是垂直整合，即：原本独立的一个或者几个企业合并成一个企业系统。通过这种方式,做出专用性投资的一方不会失去对资产的控制权,避免了机会主义行为的发生。Grossman 和 Hart(1986)认为垂直整合的优势不在于获得所有权本身,而是增强了渠道成员对于关系的控制权,并以此降低由专用性关系投资引发的机会主义行为。Heide 和 John(1988)认为垂直整合可以通过控制和监督、奖赏结构和降低机会主义行为带来的收益来控制机会主义行为。

交易成本理论从纵向一体化角度,产权理论从产权分配角度,关系契约理论从声誉博弈角度,完全契约理论从履约角度提出了治理机制。符加林(2007)指出,机会主义行为来自两个方面的约束,即外在约束(有效的处罚机制与信息传导机制)与内在约束(人的有限理性与道德觉悟水平)。订立契约也是一种能够有效地抑制机会主义行为发生的方式,契约能够有效地保护渠道关系中的专用性投资。Buvik 和 Reve(2002)、Poppo 和 Zenger(2002)、Ghosh 和 John(2005)等学者不仅从理论上,同时也从实证上证明了契约对专用性投资利益保护的积极作用。

(二)关系治理模式

一些学者根据社会交易理论的观点提出,可以通过关系规范来保护渠道关系中的专用性投资。关系治理模式中主要包括关系规范、关系沟通和关系满意度等内容。Heide(1994)认为任何一个渠道关系都是嵌入在一定的社会情境之中的,可以通过建立关系规范来保护专用性资产。关系规范使渠道成员关注的重点从个体绩效转向关系层面的整体利益,从而限制机会主义行为。Heide 和 John(1990)、Poppo 和 Zenger(2002)、Subramani 和 Venkatraman(2003)等学者的实证研究也表明,关系规范对保护专用性投资有积极影响。渠道成员之间的沟通可以降低信息不对称性,提高渠道成员之间目标的一致性,从而降低渠道成员的机会主义行为倾向。Sheng(2006)认为考虑到关系规范不具有强制力,当做出专用性投资的一方处于弱势地位的时候,一般不愿意采用关系规范的治理关系,沟通的效果反而比较好。

机会主义行为是受利益驱使的、主动的对正式契约的违背,因此实施机会主义行为的渠道成员一般不会考虑对渠道关系造成的后果,故关系治理对机会主义行为的作用较为有限。

三、不同治理模式对由专用性投资引致的机会主义行为的效果研究

Heide 和 John(1992)认为关系规范能够增强做出专用性投资的一方对于另

一方决策的控制权,从而降低渠道伙伴的机会主义行为。Achrol 和 Gundlanch (1999)认为契约和关系规范是两种有效的控制模式,能够降低由于一方专用性投资所引发的机会主义行为,但仿真试验结果发现,契约无法达到这种目的。Jap 和 Ganesan(2000)以制药厂的零售商为例,考察补偿性投资、契约和关系规范在专用性投资中对承诺的调节作用。结果表明,除处于弱势的零售商做出专用性投资后,上述三种机制并不能降低由于制造商机会主义行为而导致的承诺减少。高维和与黄沛等(2006)通过对中国企业的实证研究发现,正式契约和信任对专用性投资的机会主义行为有显著作用;还发现法律环境的适宜程度对于渠道投机的治理具有显著的影响。对于相对固定的正式契约,法律环境越不规范,其作用越不明显;而信任机制在法律环境越不规范时,作用反而越明显;复合机制对于渠道投机的治理作用不明显。Rokkan,Heide 和 Wathme(2003)认为专用性投资并不一定能带来机会主义行为,接收者在未来愿意继续维持关系的意愿和关系团结是可以减少机会主义行为的。

四、小结

(一) 主要研究成果

通过文献梳理,专用性投资与渠道关系之间的研究成果主要集中五个方面。

1. 专用性投资概念和类型

由于专用性投资是 Willianmson(1981)从交易成本中的"专用资产"延伸而出的概念,更多地强调的是经济属性。虽然在分类中也做了明确的界定,但没有全面考虑渠道关系的社会属性,所以在类型的界定和划分标准上出现了很大的差异,从而不同学者的研究结论也有很大的不同。目前得到广泛认可的是物质资产(资金、设备、硬件资产等),分歧比较大的是无形资产的内容。目前比较标准的分类是有形资产和无形资产两类,但是这种模糊的分类方法不利于进一步的深入研究。

2. 专用性投资对渠道关系的影响

这种影响分为两个方面:积极影响和消极影响。积极影响主要有:培育双方的信任、推动渠道成员发展和维护长期紧密的合作关系、提升渠道关系的绩效、增强整个渠道的竞争力、增加成员知识学习和创新的氛围等。消极影响有两个方面:一是增加了一方的投资风险和治理成本;二是引发渠道伙伴的机会主义行为。尤其是机会主义行为是众多学者研究的重点,也从理论和实证两个方面证实了这一结论。

3. 专用性投资影响因素

这一领域的研究重在分析哪些因素会影响渠道成员在关系中投入专用性资产,相关研究主要是国外学者从事的。归纳起来,影响专用性投资的四个层面分别为外部环境、渠道关系特征、组织特征以及个人关系。外部环境主要关注环境的不确定性、技术的不确定等;渠道关系特征涉及的主要是渠道关系结构和渠道氛围等;组织特征主要指渠道成员所在组织的声誉、战略等;个人关系主要涉及渠道成员私人关系的相互信任。

4. 专用性投资的控制模式

这些研究主要依据成本交易理论、社会交换理论和契约理论,认为为了保护渠道成员在关系中的专用性投资,渠道成员应采用垂直整合、契约、关系规范等多种形式的控制模式,这些观点大部分得到了实证支持。

5. 控制机制对专用性投资与机会主义行为间关系的调节作用

在理论上,从博弈论、代理理论、成本交易理论等角度,大部分研究认为各种控制机制都能够降低机会主义行为,增加关系的稳定性。但实证研究发现,有些机制是有效的,有些机制是无效的。

(二) 研究不足和方向

从目前对专用性投资的研究回顾可以看出,现有研究虽然已经取得了丰富的成果,但是依然存在诸多不足。这些不足主要表现在三个方面:一是基本都是以成本交易理论和社会交易理论来分析,很少从资源依赖、社会网络、博弈论和企业核心竞争力理论探讨专用性投资对渠道关系的影响;二是缺乏规范的研究范式,虽然对专用性投资的概念取得共识,但是在研究过程中对应该选取什么标准和哪些维度,没有统一的标准。在研究中大都忽略了渠道阶段和渠道情景在专用性投资对渠道关系影响中的中介和调节作用;三是由于客观条件限制没有进行更深入的研究,如不同专用性投资的作用机制问题等。这些不足构成了进一步研究的方向,未来的研究可以从以下几个方面展开。

(1) 从多角度、多维度研究专用性投资对渠道关系的影响。迄今为止,这一课题的研究得出的主要结论有:专用性投资能增加渠道关系的价值,能够促进双方的信任和承诺,加强进一步的合作(Anderson & Weitz,1992;Jap,1999;Gilliland & Bello,2002),而且专用性投资一方不会采取机会主义行为(Brown,Dev & Lee,2000;Skarmeas,Katsikeas & Schlegelmilch,2002);另外就是由于渠道成员依赖不对等和锁定效应,将会给专用性投资接收方带来机会主义行为。未来的研究应多从社会网络、资源依赖理论和博弈论的角度展开研究。在专用性投资的维度，以往研究一般只选两三个变量，且一般属于同性质的变量，未来研究应该增加更多的变量，要包括有形和无形专用性投资。

（2）进一步分析不同渠道阶段和渠道情景下专用性投资对渠道关系的影响。Rokkkan 和 Wathne(2003)研究得出，团结和未来维持关系的意愿影响专用性投资和渠道关系的效果，是否还存在其他影响因素也是未来的研究方向之一。

（3）研究不同的渠道治理模式对专用性投资与机会主义行为关系的调节作用。以往研究主要集中在契约和关系规范上，而且结论没有统一。未来可以在此基础上研究其他方式，如私人关系、权力等，更重要的是研究不同治理模式发挥效应的适用条件。

（4）区分不同的专用性投资类型，探讨不同类型专用性投资对渠道关系的不同影响。现有研究和得出的结论比较零散，未来的研究需要更深入的探讨，以进一步明确不同类型专用性投资对渠道关系的不同影响效果和影响路径。

第五节　关系质量与中间商行为

一、关系质量

（一）关系质量概念

关系质量是学者们研究关系营销时应用最多的方面，这方面的理论和内容也比较成熟，在很多问题上，均已达成共识。大多数学者参考的都是 Crosby(Crosby,1990)的关系质量概念。他认为关系质量就是顾客在过去满意的基础上，对销售人员未来行为的诚实与信任的依赖程度。Holmlund(2001)的关系质量概念在工业企业比较流行，他认为"关系质量是指商业关系中合作双方根据一定的标准对商业往来效果的综合评价和认知"。

（二）关系质量维度

Grosby,Evans(1990)、Leuthesser(1997)等认为"关系质量由信任和满意两个维度组成"。Kumar(1995)和 Wult(2001)认为关系质量由"满意""信任""承诺"三个维度组成。学者后期提出的关系质量维度在以上两个维度的基础上演变的方向有两个，一是从关系双方的互动角度，着眼于关系的管理，增加对承诺、沟通质量、冲突解决以及双方关系管理等因素的重视，以减少机会主义行为等现象。如 Mohr 和 Spekman(1994)提出任何成功的伙伴关系的基本特征是承诺、合作、信任、沟通质量、参与以及冲突的共同解决等。二是从关系赢利的角度考虑关系质量的维度。如 Storbacka、Strandvik 和 Grönroos(1994)从新古典经济学与交易成本理论视角,认为关系质量维度包含满意、承诺、沟通和联系等因素。也有学者将承诺、共同目标与关系利益等三个因素作为关系质量的维度(Parsons,2002)。更有学者将关系质量的维度确定为信任、承诺与总体质量感知三个因素。Hennig(1997)认为关系质量包括认知、信赖和承诺三个部分。刘人怀和姚作为(2005)认为关系质量的维度应该更多地从社会交往的角度去选择,主要维度是信任、满意和承诺。

(三) 关系质量因果研究

很多学者对影响关系质量的前置因素和关系质量的产出做了研究,James S.Boles(2000)将影响关系质量的因素归纳为销售人员的相似性、服务领域的专业性、相关销售行为等。Hennig-Thurau(2000)认为销售人员与顾客交流的技能(技能属性、技能水平、技能特殊性)会影响关系质量。Parsons(2002)认为关系质量的决定因素有风险处理、关系销售行为、顾客导向、专业领域、相似性/价值分享。谢依静(2001)指出,关系结合方式对承诺和信任有显著影响。在关系质量产出方面,主要研究的是关系质量对忠诚(Keith Roberts,2001)、顾客保留(Hennig-Thurau,2000)、推荐(James S. Boles,1997)、销售效果(James S. Boles,2000)、购买份额(Woo,Gon Kim,2002)等方面的影响。林亚萍(2004)将顾客的自发行为(忠诚、参与和合作)作为关系质量的产出变量进行研究。

二、中间商行为

中间商行为是关系营销和渠道管理研究的主要对象。借鉴关系质量在客户行为的研究成果,还有组织行为学的相关理论形成了关系质量与中间商行为研究的主要内容。关系质量与中间商行为的研究主要集中在两个方面:一是关系质量的不同维度对中间商行为的影响;二是关系质量作为中间商行为的前置变量的研究。

(一) 关系质量与中间商行为

1. 满意与中间商行为

中间商满意度的提高,可为企业节省许多成本并创造利润,也会帮助企业建立口碑和市场地位(Reichheld,1996)。在满意与中间商的忠诚行为研究方面,Jones 和 Sasser(1995)认为顾客的满意是导致顾客忠诚的前提,高度满意使得顾客积极参与公司体验。对关系满意的顾客,为了维持关系的地位,会寻求合作行为(Tyler,1990)。在满意与中间商参与的研究中,Baogozzihe(1995)的研究表明,中间商越满意,就越愿意向公司表达他们如何改进服务的想法。针对满意对共生行为影响的研究认为,若制造商与中间商双方感到满意,会增强对彼此的信心而增加投入,形成共生行为。

2. 信任与中间商行为

Singh 和 Sirdeshmukh(2000)提出信任是引致长期忠诚购买和购后过程的关键因素。信任与参与行为有正向关系(Skinner & Gassenheimer,1992),较高水平的信任,可以减少复杂度、不确定性和伙伴行为的自我感知。

3. 承诺与中间商行为

高度忠诚的中间商会因过去获得的利益而愿意站在公司立场做出努力(Chonko,1986)。Bhattap-charya(1995)认为承诺会产生功能性行为模式,承诺和各种企业合作行为正相关关系,这些行为包括保留和忠诚倾向、顺从(Morgan & Hunt,1994;Van Dyne,1994)、合作。承诺还可以使企业与中间商建立更紧密的集体主义关系,成为未来的竞争优势(Louis Stern,2003)。

(二) 关系质量与中间商行为经典模型

针对关系质量与中间商行为的研究大部分是通过实证研究进行的,这一部分研究成果显著且影响着后来的研究,主要的模型如下。

1. Anderson 和 Weitz 的渠道关系连续性模型

渠道关系的连续性是信任、权力不平衡、沟通、关系中的利益、制造商"公平操作"的声誉和关系年限的函数,因此建立了渠道关系连续性模型,如图 2.2 所

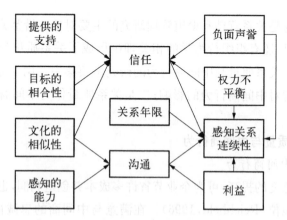

资料来源:Anderson, E. & Weitz, B.,"Determinants of Continuity in Conventional Industrial Channel Dyads", *Marketing Science*, 8(Fall), 1989, P.311

图 2.2 渠道关系连续性模型

示：该模型通过前置变量、调节变量和结果变量实证研究而成，Anderson 和
Weitz(1989)认为调节变量对渠道关系的连续性影响至关重要；信任是达到理想
关系结果的重要因素，这是制造商与中间商对关系研究做出的重要贡献。

2. Morgan 和 Hunt 的 KMV 模型

Morgan 和 Hunt(1994)提出承诺—信任模型(KMV 模型)以关系承诺和信
任为关键的中介变量，以关系终止成本、关系利益、共同的价值观、沟通和机会主
义行为作为影响二者的五个前置变量；承诺与信任导致的因变量是默许、离开倾
向、合作、功能性冲突及决策不确定。该模型对关系的影响因素从经济的角度、
社会的角度和行为的角度三个方面进行分析，说明了保持双方关系的重要性，对
长期关系保持的行为结果有积极的指导意义(见图 2.3)。

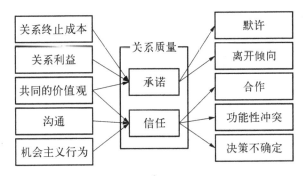

资料来源：Morgan，R. M.&Hunt，S. D.，"The Commitment
Trust Theory of Relationship Marketing"，*Journal or Marketing*，
58(July)，1994，p.22.

图 2.3 关系营销的 KMV 模型

3. 顾客自发行为模型

Bettncourt(1997)首次提出了顾客自发行为的概念，并在此基础上建立了顾
客自发行为模型。在该模型中，作者将顾客满意、顾客承诺、顾客感知支持作为
影响顾客自发行为的前置变量，探讨满意、承诺和顾客自发行为的影响。该探索
性模型对影响自发行为的前置因素进行了研究，是一种新的视角。但在研究中，
作者没有对影响满意、承诺的因素进行考量，如图 2.4 所示。

4. 顾客自发行为的扩展模型

林亚萍(2004)对关系品质做了两层划分并融入 Morgan 和 Hunt(1994)的
承诺—信任模型中，将顾客的自发行为(忠诚、合作和参与)作为关系质量的因变
量进行了研究。不仅选取的关系质量前置变量更加规范，同时还将信任作为中
间变量进行考察(见图 2.5)。

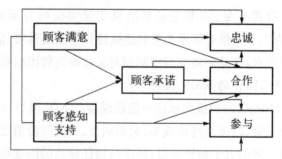

资料来源：作者整理。

图 2.4　顾客自发行为模型

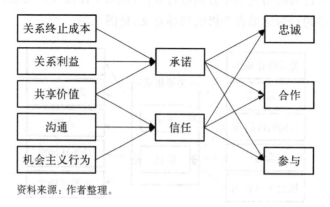

资料来源：作者整理。

图 2.5　顾客自发行为的扩展模型

综述可知，虽然学者们对影响关系品质的前置变量进行了不同设计，但鲜有共识。基本上只是研究了关系品质的两个维度——信任和承诺，还有一部分选取了满意，将三者结合起来研究的只有武汉大学的张广玲老师，因此将满意、信任、承诺同时作为中介变量来研究中间商自发行为尤其是机会主义行为的工作有待于进一步开展。

第六节　专用性投资与关系质量

专用性投资可彰显企业对合作关系的忠诚和发展长期关系的愿望，当企业在合作过程中投入更多的专用性资产时，说明企业认为通过发展合作关系，未来获得的收益将超过当前的投入，这有助于提高双方合作关系的强度。Jap 和 Pelton 等人的研究还发现，投入的专用性资产的专用性越强，则合作成员违约的成本就越高，因此就会激励双方发展长久的合作关系。杨柳、夏瑛（2007）认为可置信承诺与专用性投资之间有替代关系,可以改变原有的激励机构,最终可以减少机会主义行为。王国才、许景(2010)通过实证研究发现双边专用性投资可以提高双方的信任度,并最终增强渠道绩效,这一过程中信任在专用性投资和渠道绩效之间是作为中介变量出现的。魏旭光、康凯(2013)把专用性投资作为中介变量研究信任对满意度的影响,认为不同类型的信任会通过专用性投资影响合作满意度。钱丽萍(2014)通过实证研究发现专用性投资能够增强中间商长期合作的意愿。

但是也有学者认为单边专用性投资会降低投资方对接受方的信任程度(Suh & Kwon,2006)。这一观点也得到了许景、王国才(2010)的证实。刘益(2006)在研究专用性投资和感知风险中也发现,专用性投资会引发投资方的感知风险,有可能会降低双方的信任度。

第七节 小 结

通过对专用性投资、关系质量、机会主义行为之间关系和影响的回顾,可以看出围绕专用性投资、关系质量和机会主义行为的研究有以下几个特点。

一、对专用性投资维度的研究从整体概念向细分转换

由于专用性投资是来自经济学的概念,更多具备的是资产的属性,且强调的是设备、产品和资金等有形的资产。前期的研究中专用性投资是作为一个整体出现的,更强调有形的专用性资产。随着关系营销理论的广泛应用,关系、社会网络和信息也成了资产,专用性投资的类型也向细分化发展,如分为硬件专用性投资和软件专用性投资、有形专用性投资和无形专用性投资、流程专用性投资、人力专用性投资等。这种转变符合专用性投资的属性和问题的研究,如有形专用性投资和无形专用性投资对其他变量的影响存在的机制路径的不同,区分不同的类型或者进行细分能够更好地发现问题的本质。

二、专用性投资是一个跨多学科的课题,需要更多的理论支持

专用性投资作为经济学的概念被引入渠道关系中以后,大大丰富了渠道管理的内容。许多学者把专用性投资引发的对渠道双方关系质量、中间商行为、机会主义行为等内容,以成本交易理论、社会交换理论、组织契约理论、企业网络理论、关系营销理论和信任承诺理论等作为不同的视角和理论基础进行研究,得出

了很多有价值的结论,并总结出变量之间规律性的内容,在实践中得到验证。

三、研究视角主要是二元关系,研究方法主要采用实证研究

本书通过对有关专用性投资近三十年的文献梳理发现,关于专用性投资的研究视角主要是站在一个二元关系的角度考察某一时点上的专用性投资对渠道关系的影响及影响因素。这是非常局限的,因为渠道关系不是一成不变的,是一个动态的发展过程,另外企业面临的渠道是一个网络,而并非单独的二元关系,采用的主要方法是实证研究。大都采用了问卷调研的方式获得数据,进而验证概念模型和假设。这种实证研究中,问卷一般都发给一方,而涉及两方因素时就无法获取数据,且在问卷调研的真实性上,一般不如实验法。

第三章　理论分析与研究假设

通过文献梳理可知,前期专用性投资与机会主义行为之间的关系研究侧重于对结果和机制的研究,但是对于产生结果的内部路径探讨过少;研究对象主要基于二元关系,忽略了网络和演化的过程;研究假设主要基于经济成本和完全理性基础;对社会因素和有限理性假设没有过多关注。随着新经济形态的到来与互联网经济和共享经济的发展,组织形态、组织合作形式和合作内容都发生了很大变化,尤其是信息的透明度越来越高,共享内容越来越多,企业越来越处在网络结构中。专用性投资与机会主义行为之间出现了新的问题,如专用性投资对机会主义行为是否具有因果关系仍没有达成统一共识;专用性投资给企业带来的损失现象越来越普遍,专用性投资并没有为企业达到预期的目标,专用性投资为企业带来合作周期越来越短,机会主义行为发生的频次增加,渠道合作中机会主义行为治理机制效日渐不理想。

渠道管理中专用性投资和机会主义行为的研究需要有更宽的视野、新的假设和更深入的角度才能解决当前的现实问题。借鉴其他学者的研究,本书也引入了社会交换理论、网络理论和关系契约理论来分析专用性投资与机会主义行为的关系,同时发现不同类型的专用性投资对机会主义行为的影响是不同的。而且一些学者已经提出专用性投资与机会主义行为之间不是必然关系(高维和,2010),刘益(2011)也通过实证发现不同类型的承诺对机会主义行为的影响是不同的,这些研究发现从侧面反映出专用性投资和机会主义行为之间存在着某些中介变量和演化路径,这些因素将会导致机会主义行为发生的可能性。

本章内容重点分析和建立专用性投资、关系质量、机会主义行为和投资不对等之间的逻辑关系,以成本交易理论、资源依赖理论、社会交换理论、网络理论、定位点理论等为理论基础,界定各研究变量的内涵和量表,提出各变量之间的逻辑关系和研究假设逻辑设计,旨在探讨不同类型的专用性投资对机会主义行为的影响,并进一步分析关系质量在两者之间的中介效应,同时在专用性投资与关系质量、专用性投资与机会主义行为两个子模型中分析了专用性投资不对等的调节效应。为保证研究效果,在进行模型设计的过程中,把行业属性、企业规模、企业性质等作为控制变量,以验证假设的客观性。

第一节 理 论 基 础

一、交易成本理论

交易成本理论(Transaction Cost Analysis,TCA)是一个具有高度影响、跨学科的经济组织理论(Hill,1990;Williamson,1981),它融合了制度经济学和组织法律分析层面的内容。交易成本理论有两个关键假设:一是有限理性;二是机会主义。有限理性是指人无法知道所有的概念和一个人认知能力的限度使之无法做出完全理性的决定。所以由于信息的不足和能力的限制,一个人做出的决定有可能并不一定是使公司效益最大化的。机会主义被定义为"追求自我利益诡计"(Williamson,1985),认为当存在可获取的利益时,交易一方就会有发生机会主义的动机。所以交易成本理论认为,在组织间的交换将可能存在一个很大的成本,这种成本主要是因为有限理性和机会主义导致的,自然而然需要设计一种契约或者合同来明晰双方的权益,以减少这种成本出现的风险。交易成本理论的核心点是效率和成本,这是公司和组织判断一种决策的主要标准。在渠道管理上的体现就是关注渠道的效率和效益。这一观点也被一些学者所批评,布洛瓦(1990)认为这种关注效率的观点限制了组织的潜力,并建议公司应该创造一种价值网络;他还认为企业应该超越交易成本和确定创造价值来形成企业的关系网络。总之,一个公司如果能够在长期关系中产生更好的利润和创造一个更"有效"的网络,是可以接受重大交易成本的。

二、社会交换理论

(一) 社会交换理论观点

现代社会交换理论主要有两个观点:一是乔治·卡斯伯·霍曼斯的行为主义交换论,二是彼得·迈克尔·布劳的结构交换论。

霍曼斯认为行动、互动、情感、刺激、报酬、成本、投资、利润、剥夺、满足这十个概念构成了霍曼斯理论的"基石",它们相互结合,建构了关于人类行为的一般命题系统。霍曼斯把经济学中"经济人"的概念引入他的交换论中,认为人在交换过程中为了获得最大利益,其行为都是理性的。

布劳的结构交换论提出了"互惠规范"的概念,他把社会结构区分为微观结构和宏观结构两种,认为人际的交换形成的动力是"社会引力"(Social Attraction),社会引力是指与别人交往的倾向性。布劳从微观领域概括出的交换过程大致经历了"吸引—竞争—分化—整合(冲突)"四个阶段,以此为核心,形成了用以考察包括宏观现象在内的所有社会过程的基本分析框架;布劳的共享价值观在宏观结构中起着基础的作用,为宏观交换关系的形成提供了可能性。

(二)社会交换理论与渠道关系管理

社会交换理论在解释交换这一领域中有着突出的作用,在研究关系营销和买卖双方关系时已经成为基础理论之一(Dwyer,Schurr & Oh,1987;Kingshott,2006;Luo,2002;Morgan & Hunt,1994,1997;Wilson,1995)。社会交换理论在渠道关系中的应用可以概括为以下几点:一是交换分为社会交换和经济交换,对渠道关系来讲,积极的交换可以增加双方的信任和提高承诺的可能性,随着时间的推移,可以规范双方的关系(Lambe,Wittmann & Spekman,2001);二是社会交换强调关系而不是交易;三是关系体现在一定的社会结构中;四是关系契约是社会交换理论的核心内容,双边契约是一系列关于关系管理的规范,规范确定了关系双方相互合作以实现特定业务目标的管理结构;五是驱使社会交换演进的关键是关系双方的诚信与承诺。诚信和承诺可以降低权力的影响并决定交换关系中关系双方对公平的认知。

社会交换理论不认为机会主义存在必然性,认为可以通过建立一种机制来治理关系的问题,如信任、承诺合作、满意和关系规范等,这些方式要比严格的合同更有效(Heide & John,1992)。但是社会交换理论并不否认机会主义的存在,事实上,反而认为机会主义有助于按照社会交换理论的治理标准(如一种聚焦成本减少或严格合同的标准)区分不同的交换关系,可以更好地做出选择。比如机会主义行为的存在,随着时间的推移,将会使交易双方的社会效益减少,那么交换关系的当事人就会选择断绝合作关系。

三、资源依赖理论

(一)起源和内涵

资源依赖理论形成于20世纪70年代,代表人物为费佛尔和萨兰奇科。资源依赖理论主要探讨组织与组织之间的关系,将企业间的治理问题视为对环境的不确定性和依赖性的反应。企业通过与其他企业建立正式或非正式的联系这一有目的的行为来构建交换关系,可避免环境的不确定性并对环境的依赖性进行管理。就渠道关系来说,企业的渠道资源依赖关系能使企业获得超出一般水平的利润回报及可持续的竞争优势的资源与能力。

（二）主要观点

资源依赖理论的主要观点有:① 交换的发生主因是需要获得必要的资源;② 公司存在的环境具有很大的不确定性,资源依赖是对环境的不确定性的反应,同时也是对机会选择的反应;③ 对合作伙伴的依赖的主要动机是寻求资源的保证,与合作伙伴建立安全关系旨在建立交换关系的平衡机制;④ 转换成本是关键的因素之一,在买卖关系中转换成本的存在和规避是一个两难选择的核心问题;⑤ 关系可被视为一种资产或资源。关系之所以成为一种资源,是因为关系的存在与发展可能会给企业带来收益,这是社会交换理论与资源依赖理论的共同点。

四、关系契约理论

契约是新制度经济学关注的核心问题,具有关系嵌入性、时间长期性、自我履约性、条款开放性的特点。关系契约理论的部分理论吸收了马可莱(1963)关于非合同关系的理论,该理论认为,单个交易与合同双方过去的关系以及未来的关系没有联系。由于该理论与现实的冲突,学者们提出了一个新的契约理论——关系契约理论。关系契约并不对交易的所有内容条款进行具体详尽的规定,仅仅确定基本的目标和原则,过去、现在和预期未来契约方的个人关系在契约的长期安排中起着关键作用。

关系契约理论的主要观点:① 关系嵌入性(relational embeddedness),关系嵌入性决定了要从交易所嵌入的关系去理解契约,契约的执行依赖于合作性交易关系;② 时间长期性(extended duration),长期交易会促进和鼓励有效的交易,并且在长期交易所提供的合作方面的信息有助于建立信任、减少机会主义行为,关系契约的长期性使得契约方可以寻求法律以外的保证机制,避免单次交易中的囚徒困境的发生;③ 自我履约性(self-enforcing),关系契约依赖于自我履约机制,关系契约中包含着很强的人格化因素,双方在长期合作中出现的问题都可以通过合作和其他补偿性技术来处理;④ 条款开放性(open terms),由于有限理性和较高的交易费用,契约双方对不确定的未来情况都希望保持弹性和灵活反应。条款的开放性使得关系契约具有较强的柔性,但同时也要求双方未来合作收益足够大,并且应该存在较好的合作关系以降低契约协商中的交易成本。

五、企业网络理论

(一)起源和内涵

企业网络是指由一组自主独立而且相互联系的企业或机构,依据专业化分工和协作建立而形成的契约关系或制度安排形式。经济学家将网络特点和分析方法应用于经济领域的研究,逐步形成了企业网络理论。企业网络理论主要有三个重要学派,分别为激进学派、新经济社会学派、新政治经济学派。

(二)主要观点

1. 激进学派的价值链分析

该学派认为竞争是以不同的产品和组织概念为基础的企业所引领的,体现在各种各样的企业网络中,企业之间的竞争形态已由产品层次上升到网络层次。认为由于市场需要持续性的创新,传统的生产方式已经不能满足市场的变化,企业需要将技术、知识、信息和市场结合起来,通过网络联系,促进企业之间的合作与交流,在交流中让知识发生碰撞,促进主动创新的产生。

2. 新经济社会学派的关系分析

该学派主要研究特定情景中行动者之间的社会关系。其核心概念是嵌入性(embededness)、社会网络(social network)和社会资本(social capital)。

嵌入性。经济行动不是孤立、单纯的经济行为,而是嵌入社会结构的基于信任、文化、声誉等因素的持续性社会关系。Uzzi(1997)提出了嵌入性网络关系的三个组成因素——信任、信息交流、共同协商解决问题,并指出个人间的信任关系常常比契约关系更加重要。

社会网络和社会资本。强调新工业空间中的社会嵌入关系通过厂商间的协调和合作得以补充。Hakansson 等提出了影响社会网络组织结构的基本变量(活动、行为者和资源)和社会网络的构成关系(企业、关系和网络)。社会资本理论认为资源既可以通过占有也可以通过网络关系获得,并且指出社会资源数量和质量与网络成员社会地位的高低、网络属性的异质性呈正相关性,与网络关系力量呈负相关性,社会资源嵌于社会网络之中,并可以以社会网络为媒体来间接摄取。

3. 新政治经济学派的权力分析

该学派主张企业是由行为者治理的网络关系的集合,重视企业之间不对称的权力关系,并提出从权力关系的角度讨论生产网络关系。认为企业间关系的本质是权力依赖(Power-dependence),权力依赖是一种双向互动与治理的联结,影响企业决策与资源的分布。权力通过价值链在企业间传递,企业的核心能力决定企业在价值链条上的哪个环节和技术层面倾其所有。网络中的权力是行动者在网络中所处位置的属性,是一种结构属性,它的大小只与行动者在网络中所处的位置有关,而与行动者自身的固有属性无关。

总体来说,企业网络理论以技术、关系、权力、制度为主要考察维度,认为企业网络内部成员之间应该以提高核心竞争力为目标,更多关注市场主体间的相互关系,要充分利用"网络资源"共同学习,实现价值链生产活动环节的增值过程,同时注重物质和社会制度层面的整合,实现最佳嵌入及信任建构,协调网络中各主体之间的权力分配与变化以及网络治理等。

第二节　整体概念模型

本书研究的重点是专用性投资、关系质量、机会主义行为和专用性投资不对等,各变量之间存在着不同的效应,如直接效应、中介效应和调节效应(见图 3.1)。

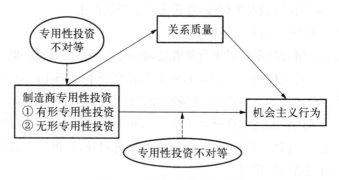

图 3.1　整体概念模型示意图

(一) 直接效应

在渠道关系管理中,由于决策人的有限理性,专用性投资决策存在着无法最优化选择的风险,而机会主义是交易过程中追求自我利益的原始动机。由于专用性投资容易"锁定效应"(高维和,2010),会出现额外收益或者减少成本的机会,因此一旦出现可以获取额外利益的机会时,交易的一方很容易发生损害整体利益而增加自身利益的行为。Williamson(1985)把专用性投资分为 7 种不同类型,总体上可以划分为有形专用性投资和无形专用性投资。根据成本交易理论和资源依赖理论的内容可知,有形专用性投资更容易形成锁定效果,所带来的效益也是最容易被中间商实行机会主义行为的出发点,因此有形专用性投资在机会主义行为发展中起到主导作用;无形专用性投资主要体现了社会交换理论的思想,交换之间不仅仅是经济动机,也有心理和社会动机,无形的交换更多是社会结构和心理动机的交流过程,无形资产的投入也会形成企业专用性投资的一部分,也能造成机会主义行为,这种行为带来的损失主要体现在流程、培训、品牌占有所带来的损失上。因此专用性投资与机会主义行为之间从结果层面分析存在直接效应关系。

社会交换理论强调交换的中心是关系不是交易,交换分为经济交换和社会交换。专用性投资作为积极交换的一种形式可以增加双方的信任和提高承诺的可能性,随着时间的推移可以规范双方的关系(Lambe,Wittmann & Spekman,2001)。而资源依赖理论通过把关系作为一种资产,从而在资产和关系质量之间建立起一种联系,由此可以推导出专用性投资作为一种资产,它的投入会增强渠道双方的关系质量,增强的具体方面取决于资产的不同属性以及关系质量不同维度的特点,有形专用性投资可能增加了信任度,而无形专用性投资则增加了中间商承诺的可能性,这是一种直接的影响效应。

信任和承诺是关系质量的重要维度,文献综述中列举了关系质量的经典模型,这些模型均表明了关系质量将会影响中间商行为,机会主义行为属于其中的一种。关系营销理论和承诺信任理论认为中间商行为的发生与关系质量存在着高度相关,且有因果关系。中间商行为是一个时间推演的过程,且中间商行为存在不同的行为结果。Aderson & Weitz(1989)发现如果中间商对制造商的信任下降,将会产生负面声誉和利益的重新分配;Morgan 和 Hunt(1994)的研究也得出,如果承诺得不到保证,中间商离开的倾向就会比较严重。如果进一步演绎,随着双方关系质量的下降,中间商有可能产生机会主义行为,这一行为将会因时间和关系质量的结果而表现出不同的可能性。

(二) 中介效应

前期研究表明关系质量既是渠道双方进行投资与合作的结果,同时又是渠道双方采取何种合作行为的影响变量。刘益、曹英(2006)把承诺作为中介变量,认为不同类型的承诺对机会主义行为是有影响的,且作用不一致。中介效应属于间接效应,本书认为专用性投资与机会主义行为之间的效应存在着中介变量,中介变量决定了专用性投资是否引发机会主义行为或者决定机会主义行为发生的可能性高低。关系质量是这一中介变量的重要选择对象,另外关系质量的不同维度,即信任和承诺对机会主义行为的影响也有差异。从行为心理学理解,交换中的"信任"是首先基于经济交换产生的,更带有经济效益的成分;承诺是在信任的前提下,并且在个人感情和合作时间达到一定程度才做出的一种结果上的期望,有很大的社会属性。从机会主义行为特点看,信任的影响更为直接显著,承诺的效应具有一定的不确定性。

（三）调节效应

专用性投资不对等是作为竞争变量引入的，网络理论和定位点理论的观点表明，企业的行动既是一种经济行动也是一种社会行动，是一组自主独立且互相联系的企业根据分工联系在一起的网络组织结构。在网络中既存在上下游关系也有竞争关系，尤其是外部的竞争关系。外部竞争变量的引入会对原有的合作关系产生影响，如果这种关系是积极性的，将会对原有合作关系产生正效应；如果是消极性的，将会对原有合作关系产生负效应。Kim 的参照点理论为合作伙伴提供了一个判别优劣的标准。

专用性投资不对等将会影响渠道双方的绩效和中间商的行为，薛佳奇（2010）、钱丽萍（2010）分别通过专用性投资的不对等得到相应的结果，本书认为专用性投资不对等将会影响双方的关系质量和机会主义行为，但是专用性投资不对等是外部因素，在作用机制上与关系质量和机会主义行为不存在必然联系，所以不是因果关系，因此不能作为自变量或者中介变量，而是作为调节变量，影响着关系质量的方向和程度，同时也对机会主义行为有调节作用。

第三节　专用性投资对关系质量直接效应分析

一、内涵和量表开发

（一）专用性投资内涵和量表开发

1. 专用性投资内涵

渠道关系专用性投资包括专业的设备和工具，以及渠道销售过程中的技能培训和经验知识（Anderson & Weitz，1986）。专用性投资相比非专用性投资更有效率，可以实现更高的需求，从而获得更大的利益（Jap，1999）。从营销战略看，专用性投资会使得渠道具有异质性，这对于提升渠道价值和实现竞争优势有着无可比拟的优势（Ghosh & John，1999）。然而专用性投资也有风险，尤其是渠道伙伴的投机行为。即渠道异质性在为异质性投资方带来异质性价值和优势的同时，也会带来异质性的缺陷，有可能受到渠道投机行为的损害。

2. 专用性投资量表开发

专用性投资的量表开发主要依据专用性投资的分类，专用性投资大致分为有形专用性投资和无形专用性投资、硬件专用性投资和软件无形投资，也分为物质投资、人力资源投资、流程投资等。学者对专用性投资量表的使用比较统一和规范,基本采用了 Heide 和 John(1990)、Anderson 和 Weitz(1992)、Jap 和 Ganesan(2000)、Anderson(1985)、Buvik 和 John(2000)以及 Stump 和 John (1996)量表,主要内容如表 3.1 所示。

表 3.1　专用性投资量表

测量变量		项　　目	参考文献
企业专用性投资 7 维 Likert 量表 "1"表示非常不赞同 "7"表示非常赞同	1	制造商投入了大量资金来建立与我们的合作业务	Anderson(1985) Buvik & John(2000) Stump & John(1996)
	2	制造商已经在我们产品的销售系统上投入了许多设施和支持	
	3	制造商为我们进行人员、产品和工作方案培训付出很多时间和精力	
	4	制造商为了满足我们的要求,更改了自身的业务流程和产品来鼓励我们完成目标	
	5	制造商的领导经常和我们进行业务和感情交流	访谈提炼
	6	制造商如果更换中间商,将无法收回他们对我们的投资	访谈提炼
	7	如果停止与我们合作,制造商将很难重新配置目前服务于我们的人员和设备	访谈提炼
中间商专用性投资 7 维 Likert 量表 "1"表示非常不赞同 "7"表示非常赞同	1	我们为了和该制造商进行业务联系,需要进行大规模的工具和设备投资	Heide & John(1990) Anderson & Weitz(1992) Jap & Ganesan(2000)
	2	为了满足制造商的业务联系需要,我们的销售系统需要进行改变	
	3	我们投入了可观的人力、技术和营销资源来完成与制造商的合作和业绩	
	4	配合制造商业务,我们进行认证和培训,导致了大量的时间和金钱支出	
	5	我们领导要花很大精力与制造商保持业务和感情沟通	访谈提炼
	6	如果终止与制造商的合作,我们将浪费与其品牌相关的大量产品和无形资产	访谈提炼
	7	如果停止与制造商合作,我们将很难重新配置与其业务往来的人员和设备	访谈提炼

(二)关系质量内涵和量表开发

1. 关系质量内涵

关系作为学术术语在关系营销中可理解为两个及以上客体、人和组织之间的一种联系,理解为以各自或共同的兴趣、利益和资源优势为基础的社会连接。关系质量在文献综述中已详细论及,综合众多学者对关系质量内涵的认识可知:作为感知总质量的一部分,关系质量是关系主体根据一定的标准对关系满足各自需求程度的共同认知评价(刘人怀,2005),其实质就是指能够增加企业提供物的价值,加强关系双方的信任与承诺,维持长久关系的一组无形利益。针对渠道成员的关系质量,除了 Holmland(2001)提出的含义外,Joyce,A Young(2002)认为企业间合作关系环境下的关系质量的内涵有五种:① 关系质量是顾客或企业感知总质量中的一部分;② 关系质量是价值创造过程中的无形提供物;③ 关系质量意味着关系对买卖双方需求的满足程度;④ 关系质量强调的是对买卖双方之间存在问题处理能力的关注,不同的程度就预示着不同的关系质量;⑤ 关系质量是关系双方之间的心理契约的重要指标。

2. 关系质量量表开发

对关系质量维度的选择是量表开发的主要依据,综合前期各学者的研究,关系质量的维度主要有满意、信任、承诺、维护长期合作的意愿。

Geyskens 以及 Gilliland 和 Bello 把承诺分为算计性承诺和忠诚性承诺。他们对算计性承诺从利润获得、利益损失、资源与人力损失以及替代者寻找这四方面进行测量;对忠诚性承诺从"我们愿意和他们继续保持关系""即使其他制造商提供更好的交易条件,我们也不愿终止和该制造商的关系""我们感觉和该客户是一家人,因此我们愿意和他们继续保持关系""我们和该客户具有相似的经营理念,因此我们愿意和他们继续保持关系"四个问题进行测量。

Kumar 和 Nirmalya 等(1995)综合前期学者的研究把信任分为诚实信任和仁爱心信任。诚实信任的测量指标有:制造商会按时完成他所答应的事、具有良好的信誉以及有能力完成他所答应的事。仁爱心信任的测量指标有:环境发生变化、做出重大决策以及面临问题以及未来决策时,制造商会考虑零售商的利益。

对维护长期合作意愿变量的测试,国内外学者采用的量表比较统一,基本以"合作稳固,且计划长期继续合作"这一指标进行测量。通过深度访谈,我们也发现了新的关系质量指标,分别是"我们与该中间商的关系比较紧张""我们与该中间商在合作关系思路和规划中有很大的分歧"和"在有关如何处理业务的问题上我们经常与该中间商产生争执",这三个指标依托近关系理论,从负面的角度也反映了双方关系质量的主观感知。关系质量量表详见表3.2。

表 3.2 关系质量量表

1. 我们感觉和制造商是一家人,因此我们愿意和他们继续保持关系
2. 即使其他制造商提供更好的交易条件,我们也不愿终止和该制造商的关系
3. 我们和该制造商具有相似的经营理念,因此我们愿意和他们继续保持关系
4. 我们希望和该制造商保持关系,是因为从他那里得到了较多的利润和收益
5. 我们希望和该制造商保持关系,是因为终止和该制造商的关系将给我们带来惨重损失
6. 我们希望和该制造商保持关系,是因为建立新的关系需要投入较多的资源和人力
7. 我们相信该制造商会按时完成其答应的事情
8. 我们相信该制造商有能力完成其答应的事情
9. 我们相信该制造商是因为它具有良好的信誉
10. 我们相信即使环境发生变化,该制造商也愿意给予我们帮助和支持
11. 在做出重大决策的时候,该制造商会考虑我们的利益
12. 当我们告诉该制造商我们面临的问题时,他们能理解我们所遇到的困难
13. 我们相信该制造商在未来会考虑其决策和行为对我们可能产生的影响
14. 我们与该制造商的关系比较紧张
15. 我们与该制造商在合作关系思路和规划中有很大的分歧
16. 在有关如何处理业务的问题上我们经常与该制造商产生争执
17. 我们和该制造商保持了三年以上的合作,关系稳固,且计划继续长期合作

二、专用性投资对关系质量的直接效应

专用性投资分为有形专用性投资和无形专用性投资,武志伟(2008)通过实证研究得出,有形专用性投资和无形专用性投资之间并不是独立的,两者存在着相互促进作用,且这种作用应该是积极性的。王国才(2010)从关系交换理论的角度证实双边专用性投资有利于提升双方互信水平。

基于以上理论和研究分析,本书认为不同类型的专用性投资对关系质量的影响是不一致的,且不同类型的专用性投资彼此也会相互影响。专用性投资和关系质量之间存在一定的作用关系,专用性投资是自变量,关系质量是因变量。而专用性投资的类型也影响着关系质量的不同维度,从而会对关系质量产生影响,关系质量不同维度影响倾向将最终影响关系质量的走向。基于以上分析,专用性投资与关系质量之间的逻辑结构,如图3.2所示。

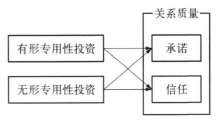

图 3.2 专用性投资与关系质量逻辑结构图

专用性投资与关系质量有以下逻辑关系。

1. 有形专用性投资与无形专用性投资存在相互关系

有形专用性投资与无形专用性投资在理论上存在正相关关系,基于对投资风险的关注,在进行专用性投资以后,无形专用性投资尤其是人力资本和感情投资将会逐渐增多,但是如果为此带来的成本过大时,尤其是业务培训和人工成本的投入,则无形资本将有可能不会随着有形资本的投入而增加。

2. 专用性投资类型对关系质量各维度的影响

有形专用性投资和无形专用性投资分别对承诺、信任和长期合作的意愿有影响。当接收方察觉到投资方做出这些投资时,由于它知道如果关系结束投资方将会遭受经济损失,会更加确信投资方对合作关系的承诺(Anderson & Weitz,1992),增加对投资方的信任水平(Suh & Kwon,2006)。但是专用性投资与关系质量也可能存在负相关的效应,刘益(2006)曾指出专用性投资有可能会增加投资方的感知风险,影响双方之间的信任度。专用性投资也带来了沟通成本,增加了难度,容易产生工作上的矛盾,最终影响合作的长期意愿。

3. 关系质量各维度影响关系质量属性

本书中,关系质量除了有水平高低、优劣之分,还有类型之分,根据本书研究标准,可将其分为承诺型的关系质量、信任型的关系质量、长期发展意愿型的关系质量。专用性投资影响的维度侧重点将决定关系质量属于哪种类型。

通过调研发现,有形专用性投资和无形专用性投资在渠道双方中是共生的,专用性投资一方通过有形投资加深了与被投资方的合作关系,同时伴随着私人关系和感情的建立,为保证专用性投资能够效益最大化,也会伴随一定的工作培训和知识转移。所以本书认为有形专用性投资将会促进双方无形专用性投资的增加。提出如下假设:

H1:有形专用性投资与无形专用性投资有正相关关系

有形专用性投资是对双方合作关系信心和诚意的体现,有利于增加被投资方的信任度,从而对双方的合作给予更多的承诺。有形专用性投资是一种长期合作的计划,有利于增强被投资方长期合作的意愿。提出如下假设:

H2:有形专用性投资与关系质量有正相关关系

无形专用性投资从工作流程、培训、私人感情等不同方面加强双方的交流与合作,更加体现了对被投资方的重视,可提升满意度。无形专用性投资使双方合作的细节得到落实,并能产生实际效益,增加信任度。在合作期间无形专

用性投资更有利于关系学习和合作创新,从而增加长期合作的意愿度。提出
如下假设:

H3:无形专用性投资与关系质量有正相关关系

第四节　专用性投资对机会主义行为直接效应分析

一、机会主义行为内涵和量表开发

(一)机会主义行为内涵

机会主义行为是交易成本理论研究的重要内容,从组织网络理论和资源依赖的角度它有新的内涵,是指在组织网络中企业利用信息不对称、资源不对等、环境不稳定等因素为自身谋取私利,但会给合作伙伴和整体组织网络带来损失的行为。

1.网络组织中的机会主义行为表现

(1)提供虚假信息。网络组织中存在不对称私人信息且无法验证,这使得交易双方在执行契约行为之前,能够通过说谎、歪曲和隐藏信息等机会主义行为为自己在未来的契约中获取更多的利益和有利的地位。

(2)搭便车。"搭便车"行为是指契约的交易一方利用不完全契约的"缺口"或监督识别的困难,有意识地减少专用性投资,从既定的契约收益分布中通过减少自身的努力而相对地扩大可占用准租的比重。

(3)显性要挟。显性的"要挟"行为是指契约的交易方依据专用性资产投资所确立的占优势的谈判地位,在重新谈判中以中止协商契约相威胁,通过改变契约收益分布来达到获取更多的专用性准租的目的。

2.网络组织中机会主义行为产生的原因分析

(1)主体有限理性。人的有限理性是导致网络组织中机会主义行为的重要原因。人不仅对现实世界的认识是有限的、不全面的,而且对未来的预测也是有误差的、不完全准确的。由于所掌握的知识与信息是有限的,人们据此来进行的思考和判断也就存在着偏差与欠缺,其选择往往就有缺陷。

(2)非对称性信息。首先,网络组织中信息的共享是有层次性的,社会阶层的特征决定了不同的阶层需要不同的信息;其次,在信息的传递过程中仍会存在失真性。因此无论从信息源、传递过程和信息显示哪一方面来说,都会产生非对

称信息。

（3）存在不确定性。网络交易的不确定性一方面来自客观环境的不可预测性,另一方面来自交易者行为的不确定性。

（4）契约不完全性。一方面,由于有限理性与非对称性信息的存在,签订详细的完全的契约需要花费大量的成本,环境的变化不明确,也会使得网络组织中的交易契约不可能是完全的;另一方面,由于不确定性的存在,要对偶发事件与绩效考核做到准确计量,整个契约的费用将非常高。因此以上两个因素使契约有很大的不完全性。

（5）专用资产锁定。由于资产的使用专有性在一定程度上锁定了网络组织成员之间的关系,且资产的专有性程度越大,可占用性准租越大。可占用性准租引起了合作双方在交易中的经济利益争夺,并使得机会主义从可能变为现实。

（二）机会主义行为量表开发

机会主义行为测量主要采用了 Anderson(1988)、Brown,Dev & Lee(2000)、Gundlach,Achrol & Mentzer(1995)、Achrol & Gundlach(1999)等学者的量表工具。主要内容见表 3.3。

表 3.3 机会主义行为量表

测量变量	项 目	参考文献
制造商机会主义行为 7 维 Likert 量表 "1"表示非常不赞同 "7"表示非常赞同	1 有时,制造商为了保护自身利益而隐瞒一些事情	Anderson(1988) Brown, Dev & Lee(2000) Gundlach,Achrol & Mentzer(1995) Achrol & Gundlach(1999) 高维和(2006) 刘益(2006) 钱丽萍(2004) 王国才(2007) 访谈提炼
	2 有时,制造商会承诺一些事情,但实际并没有做	
	3 制造商并不总是按照我们的协议办事	
	4 制造商有时会为了最大化自身利润,试图违反我们的一些非正式的协议事项	
	5 有时,制造商会为了获取自身利益,试图利用我们协议的漏洞	
	6 有时,制造商会利用一些意外事件,试图获取我们的让步	
	7 制造商利用我们本地化优势独自做品牌宣传和抢占市场	

续　表

测量变量		项　目	参考文献
中间商机会主义行为 7维Likert量表 "1"表示非常不赞同 "7"表示非常赞同	1	我们有时会违反合同规定	Anderson(1988) Brown, Dev & Lee(2000) Gundlach, Achrol & Mentzer(1995) Achrol & Gundlach(1999) 高维和(2006) 刘益(2006) 钱丽萍(2004) 王国才(2007) 访谈提炼
	2	我们有时没有按照合同要求在销售管理和人力等方面进行投资	
	3	我们偶尔在共享合同规定的关键信息时欺骗制造商	
	4	我们学会并掌握了制造商产品和方案的部分或全部关键资源	
	5	合作期间我们为了自身利益经常隐瞒一些关键商务信息	
	6	我们在当前关系中没有尽力合作	
	7	有时我们对制造商承诺了某些事,但后来没有真的去做	
	8	我们会在交易关系中区别地对待不同制造商	
	9	我们不会做出调整来适应制造商的特殊要求	
	10	我们偶尔会用意外事件迫使制造商让步	
	11	我们为了达到与制造商合作或获得奖励的目的偶尔会夸大自身优势,并隐瞒一些不利信息	

二、专用性投资对机会主义行为直接效应

学者从理论和实证两个角度论证了专用性投资与机会主义行为之间存在一定的关系。Luo(2003)和Brown(2003)等人的研究认为专用性投资会带来机会主义行为,而环境不确定性和关系不对称性是导致机会主义行为的主要原因。Dyer和Singh(1998)认为,资源不匹配会导致渠道成员在合作运营上的协同程度降低,促进对自身利益的追逐,引发机会主义行为;力量不对等可以来自资源依赖不对称性,力量强势的一方在谈判中处于有利地位,这刺激了强势一方采取机会主义行为侵占弱势一方的利益。汪涛和秦红(2006)发现中间

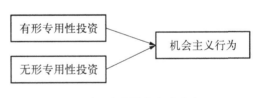

图3.3　专用性投资与机会主义行为逻辑结构图

商的专用性投资会对制造商的机会主义行为产生显著的正向影响。刘益、钱丽萍(2006)通过实证研究发现制造商的专用性投资会增加其感知的合作风险。但钱丽萍、任星耀(2010)也认为专用性投资的不对等反而会增加机会主义行为发生的可能性。高维和、黄佩(2006)通过对汽车业的实证研究发现,虽然中间商的专用性投资会引发制造商的渠道投机行为,但是这会受到制造商自身专用性投资和渠道持续时间的影响,即"双边锁定"和渠道关系的持续会有效地避免渠道投机行为。

综上所述,本书认为,专用性投资如果是单边性的,当专用性投资水平较低时,其受关系的束缚较小,对关系的依赖和承诺较低。那么,随着企业在关系中投入交易专用性投资的增加(周俊,2009),转向其他合作者的转换成本相应增加,会使企业处于相对弱势的地位。因此,制造商单边交易专用性投资就将自己绑定在特定的交易关系中,对于中间商不按照合同规定履行责任、在合同规定共享的信息上进行欺骗等强形式机会主义行为容忍度较高,这使中间商有机可乘,进行机会主义行为的可能性增大。刘婷、刘益(2012)认为无论那是哪种机会主义行为,只要存在专用性投资就会发生一定类型的机会主义行为。根据易余胤(2006)对机会主义的演化分析可知,在渠道双方能够彼此识别,或不能识别,或只能进行部分识别等的条件下,机会主义将会普遍存在或以一定概率存在。由此可知专用性投资和机会主义行为存在着一定的相关关系,但是这种关系受诸多因素的影响,如渠道双方的信任、双方关系的持续性、专用性投资不对等、渠道双方在网络中位置等,这些影响因素决定了机会主义行为发生的概率以及机会主义行为的性质。因此本书对专用性投资与机会主义行为的关系做出如下假设:

H4:有形专用性投资与机会主义行为有正相关关系

H5:无形专用性投资与机会主义行为有正相关关系

第五节 专用性投资不对等对关系
质量调节效应分析

一、专用性投资不对等内涵和量表开发

(一)专用性投资不对等内涵

专用性投资不对等分外部不对等和内部不对等。外部不对等是针对竞争而言的,存在竞争对手对同一家企业进行专用性投资;内部不对等是指渠道双方自身投资大小、规模的不对等。本书研究的主要是外部不对等。

竞争关系是外部竞争不对等的一个明显特征。竞争者作为网络关系的重要力量,会对合作关系发起竞争行为以保护和改善自身的竞争地位,从而对合作企业间的关系产生一定影响。由于资源的有限性和特殊性,Ritter 认为,在一个由三个企业所构成的竞争性网络中,竞争者对交易伙伴资源的争夺,会对目标关系产生调节作用。因此,制造商与中间商的目标关系会受到竞争者行为的影响。

"参照点"理论认为,企业在对决策方案进行判断时,潜意识中有一定的参照基准,把实际损益量与参照点的偏离方向和程度作为制定决策的依据。竞争者与制造商专用性投资的不对等性实质上反映了中间商感知的制造商专用性投资偏离其心理参照点的方向和程度。参照 Kumar 等对依赖不对等性的定义,我们将制造商与其竞争者专用性投资的不对等性定义为制造商对中间商的专用性投资与竞争者对中间商的专用性投资之差,并依据差的大小分为制造商相对于竞争者的专用性投资优势以及制造商相对于竞争者的专用性投资劣势。制造商相对于竞争者的专用性投资优势是指制造商比竞争者投入的专用性投资多,而制造商相对于竞争者的专用性投资劣势则是指制造商比竞争者投入的专用性投资少。

(二) 专用性投资不对等量表开发

专用性投资不对等量表主要采用 Kim 的依赖不对等原理,同时参考了薛佳奇和刘益(2010)、钱丽萍(2010)所设计的量表。本书参照 Kim 对于相对依赖优势和相对依赖劣势的处理方法来获得制造商相对于竞争制造商的专用性投资优势($\text{ADV}_{\text{invest}}$)和劣势($\text{DIS}_{\text{invest}}$)。

$$\text{ADV}_{\text{invest}} = \begin{cases} \text{FMSI} - \text{CMSI} > 0 \\ \text{FMSI} - \text{CMSI} \leqslant 0 \end{cases} \tag{3.1}$$

$$\text{DIS}_{\text{invest}} = \begin{cases} \text{CMSI} - \text{FMSI} \leqslant 0 \\ \text{FMSI} - \text{CMSI} > 0 \end{cases} \tag{3.2}$$

其中,FMSI＝制造商的专用性投资;CMSI＝制造商竞争者的专用性投资。

在问卷调研过程中,我们采用了 Wagner(2014)的题项,并采用了一项实地访谈提炼的题项,总计 3 个题项,如表 3.4 所示。

表 3.4　专用性投资不对等量表

1. 当其他制造商给我们的投资总体收益大于原有合作制造商时,我们会考虑更换制造商
2. 当其他制造商产品的前景更好(品牌知名度高、产品好、企业规模大等),且给我们一定的支持,即使给我们投资不多,我们也会考虑更换制造商
3. 原有制造商即使给我们进行了投资(无形投资和有形投资),但是在合作过程中总是出现问题、服务不到位或者给我们造成损失,我们会考虑更换其他制造商

二、专用性投资不对等对关系质量的调节效应

专用性投资对关系质量的影响不是一成不变的。薛佳奇、刘益(2010)通过实证研究发现,制造商专用性投资相对于竞争对手专用性投资处于劣势时,中间商发生机会主义行为的概率会更大。本书认为在竞争环境下,有形专用性投资如果与竞争者相比处于优势,则中间商通过对比后将会产生更高的满意度,能促使双方的关系更加紧密;如果与竞争者相比处于劣势,则中间商通过考察后,将会产生不平衡感,减少对未来收益的期望值,降低合作的积极性,最终会降低双方的关系质量。无形专用性投资主要集中在人力资本、私人感情和工作流程上,竞争对手的无形专用性投资可能也会对原有的合作流程、工作规范产生影响,但是私人关系以及由此带来的默契很难在短期内对原有双方的合作产生影响,最终无形专用性投资是否能对关系质量产生影响需要经过时间的验证。专用性投资、专用性投资不对等与关系质量的逻辑关系如图 3.4 所示。

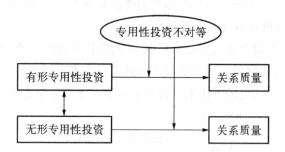

图 3.4 专用性投资、专用性投资不对等与关系质量逻辑关系图

当制造商与竞争者分别对中间商进行专用性投资时,中间商会对两者的专用性投资水平进行比较,并将结果作为处理关系质量的决策依据。当制造商对中间商的专用性投资水平高于竞争者时(即制造商相比竞争者具有专用性投资优势),中间商从心理上会产生优越感和信任感,制造商专用性投资与中间商关系质量的正相关关系将会被加强。当中间商发现制造商的专用性投资水平高于其竞争对手的时候,将大大提高其对目标关系的满意度和对未来发展的信心,从而提升关系质量水平。相反地,当制造商对中间商的专用性投资水平低于竞争对手时,中间商通过比较而产生的对合作关系的不平衡感可能会导致其低估对超额利润的预期。而且,制造商的投资劣势越大,中间商的不平衡感就越强,对超额利润的预期就越小。这时候中间商对制造商将会产生不满意感,信任度下降,且做出承诺的可能性降低。因此,制造商相对于竞争者的专用性投资劣势越

大,双方关系质量的水平越低。提出如下假设:

H6:专用性投资不对等在制造商有形专用性投资对关系质量的影响中起到负向调节作用

H7:专用性投资不对等在制造商无形专用性投资对关系质量的影响中起到负向调节作用

第六节 专用性投资不对等对机会主义 行为调节效应分析

专用性投资因投资的不对等对机会主义行为将产生影响(见图3.5)。薛佳奇、刘益(2010)从网络结构角度研究发现制造商相对于竞争者的专用性投资劣势会削弱中间商专用性投资的积极性,制造商与其竞争者对中间商专用性投资水平的差异会影响该中间商对关系收益的预期。盛亚、工节祥(2013)认为依赖不对等会产生权力不对称,这种权力不对称无论对显性机会主义行为还是隐性机会主义行为都有显著性,而投资不对等是产生权力不对等的主要途径之一。

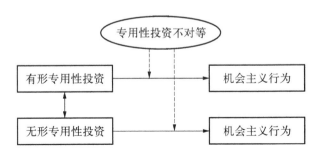

图3.5 专用性投资、专用性投资不对等与机会主义行为逻辑关系图

制造商投资与机会主义行为的负相关关系将会被加强。原因在于由于有前期合作基础,制造商的专用性投资与中间商自身资源相结合,能够促进目标关系双方的资源互补,形成独一无二的竞争优势,有助于中间商从关系中获取超额利润。当中间商发现制造商的专用性投资水平高于其竞争对手的时候,该中间商对二者的比较可能会导致其高估从目标关系中获取超额利润的预期,这将大大提高其对目标关系的满意度和对未来发展的信心,减少发生机会主义行为的可能性。相反地,当制造商对中间商的专用性投资水平低于竞争对手时,中间商通过比较而产生的对合作关系的不平衡感可能会导致其低估对超额利润的预期。投资劣势越大,中间商不平衡感越强,对超额利润的预期就越小,中间商从事机

会主义行为的可能性就会大大地增强。因此,制造商相对于竞争者的专用性投资劣势越大,发生机会主义行为的可能性越大。

基于以上分析,本书认为专用性投资和机会主义行为之间在加入竞争性因素以后,把投资不对等作为调节变量将会对原有关系产生影响。有形专用性投资的优势将会减少机会主义行为发生的可能性,而有形专用性投资的劣势将会增加中间商机会主义行为发生的可能性;无形专用性投资的优势会稳固原有的合作关系,减少机会主义行为发生的可能性;无形专用性投资的劣势会弱化原有的合作关系,会增加机会主义行为发生的可能性。据此提出以下假设:

H8:专用性投资不对等在有形专用性投资对机会主义行为的影响中起到正向调节作用

H9:专用性投资不对等在无形专用性投资对机会主义行为的影响中起到正向调节作用

第七节　关系质量对机会主义行为中介效应分析

国内外学者的研究表明,关系质量对机会主义行为存在重要影响。正艳玲、田宇(2009)通过对物流行业的实证发现,信任可以减少第三方机会主义行为的发生。范高潮、刘莹(2007)发现,当中间商对制造商的信任程度高时,中间商感知的商业投机行为会降低,高度的信任代表了积极的合作态度,是互相依赖的表现,同时相互间信任也是从感情上要对对方负责的心理义务,从而降低了合作风险。刘益、曹英(2006)把承诺作为关系稳定和机会主义行为的中间变量,经过实证研究发现,双方良好的关系态度既可以直接降低零售商感知的制造商机会主义行为,也可以通过增加制造商的忠诚性承诺和减少其算计性承诺来降低零售商感知的制造商机会主义行为;李瑶(2015)认为社会关系的密切度可以减少机会主义行为。刘益、刘婷(2008)把算计性承诺和忠诚性承诺作为中间变量,研究了关系长度和机会主义行为的关系,结果发现制造商的算计性承诺增加了制造商的机会主义行为,而忠诚性承诺则能降低制造商的机会主义行为。刘群慧、李丽(2013)从关系嵌入角度发现关系质量的承诺和信任与机会主义行为之间存在负相关关系,而机会主义行为又影响着双方创新。严兴全、周庭锐(2010)从卖方视角发现卖方的信任和承诺水平越高,则越具有合作性和灵活性,但承诺的作用大于信任;卖方对买方的情感承诺越高,则机会主义行为程度越低,而信任无助于降低机会主义行为。

结合专用性投资和专用性投资不对等与关系质量的关系,可以得出,专用性投资的类型影响着关系质量。根据前期学者研究专用性投资、关系质量和机会主义行为的内容,可知关系质量中承诺和信任两个维度是大家研究的重点,那么专用性投资中的有形投资和无形投资将在专用性投资不对等这一调节变量的作用下影响承诺和信任。而信任和承诺作为中介变量对机会主义行为的发生起到重要作用。这一模型的逻辑关系是:专用性投资是自变量,机会主义行为是因变量,但是专用性投资对机会主义行为的影响是通过关系质量这一中介变量发挥作用的,专用性投资不对等影响着关系质量的强度,最终也会影响关系质量与机会主义行为发生的概率(见图 3.6)。

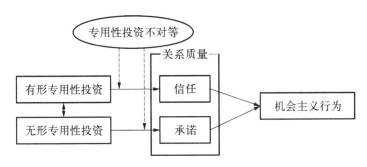

图 3.6 专用性投资、专用性投资不对等、关系质量逻辑和机会主义行为逻辑关系图

基于以上逻辑关系和分析,本书对专用性投资、关系质量和机会主义行为有如下假设:

H10:关系质量和机会主义行为之间具有负相关关系

H11:关系质量在有形专用性投资对机会主义行为的影响中起到负向中介作用

H12:关系质量在无形专用性投资对机会主义行为的影响中起到负向中介作用

H13:关系质量在有形专用性投资对机会主义行为的中介作用受专用性投资不对等的负向调节,且负向调节效应显著

H14:关系质量在无形专用性投资对机会主义行为的中介作用受专用性投资不对等的负向调节,且负向调节效应显著

第八节 小 结

本章首先界定了本书所研究的各个概念的内涵和量表的内容,接着结合相

关理论阐述了各个变量之间的逻辑关系和模型结构,并提出了各个模型的假设。整章的主题思想是不同类型的专用性投资将会对双方的关系质量产生影响,关系质量作为中介变量将会导致机会主义行为的发生,在此过程中专用性投资不对等作为调节变量,影响着关系质量的强度,最终会影响机会主义行为发生的可能性。同时专用性投资也有可能直接导致机会主义行为,专用性投资不对等也是作为调节变量出现影响机会主义行为发生的可能性。在上述思想的指导下,提出了一系列假设,本研究的假设汇总见表3.5。

表 3.5　研究假设汇总表

假设	假　设　内　容
H1	有形专用性投资与无形专用性投资有正相关关系
H2	有形专用性投资与关系质量有正相关关系
H3	无形专用性投资与关系质量有正相关关系
H4	有形专用性投资与机会主义行为有正相关关系
H5	无形专用性投资与机会主义行为有正相关关系
H6	专用性投资不对等在制造商有形专用性投资对关系质量的影响中起到负向调节作用
H7	专用性投资不对等在制造商无形专用性投资对关系质量的影响中起到负向调节作用
H8	专用性投资不对等在有形专用性投资对机会主义行为的影响中起到正向调节作用
H9	专用性投资不对等在无形专用性投资对机会主义行为的影响中起到正向调节作用
H10	关系质量和机会主义行为之间具有负相关关系
H11	关系质量在有形专用性投资对机会主义行为的影响中起到负向中介作用
H12	关系质量在无形专用性投资对机会主义行为的影响中起到负向中介作用
H13	关系质量在有形专用性投资对机会主义行为的中介作用受专用性投资不对等的负向调节,且负向调节效应显著
H14	关系质量在无形专用性投资对机会主义行为的中介作用受专用性投资不对等的负向调节,且负向调节效应显著

第四章 研究方法设计

本书的研究设计采用了实证研究和实验研究相结合的方法。在实证研究方面，通过文献梳理，采用了前期学者比较规范和成熟的变量和量表，在此基础上进行实地调研和深度访谈，编制了部分本书研究需要的变量和量表，最后通过问卷调研的方式进行数据采集；在实验研究方面主要把研究样本按照实验要求分为两组，采用不用的实验条件以观察实验结果的差异性。两种方法都采用了加入控制变量的做法以保证结果的抗干扰性。

第一节 研 究 方 法

专用性投资的效果检验如果仅通过问卷调研和深度访谈这两种方式，只能反映研究课题的一部分结果，因此本研究尝试采用了实验研究的方式，对抽样样本进行为期 24 个月的数据跟踪和实地考察，采用不同的方法以保证研究结论的科学性。

一、实证研究

通过问卷调研和深度访谈的方式收集数据，通过数据分析和多种统计方法得出本书概念模型中各变量之间的统计结果，以此验证本书提出的假设成立与否，最后得出结论。

二、实验研究

本研究通过对悦庄酒业集团进行重点分析，在其 76 家红酒会所中，选取符合条件且性质不同的 40 家会所进行为期 24 个月的数据跟踪和实地考察，并记录了 40 家会所的运营情况，主要指标包括合作方式、渠道政策、专用性投资情况、销售额、销售毛利、重大促销政策、竞争情况等。在研究过程中，通过与悦庄酒业集团高管沟通，在他们的经营过程中加入了部分课题研究的内容，也有利于集团渠道关系管理的措施和方案,力求使企业的经营环境具有高度的仿真性。在竞争环境模拟中,选取了张裕葡萄酒集团主营进口酒的先锋酒业连锁作为假想竞争对手,进行了模拟和数据采集。

第二节　样本与调研方法

一、样本选取

渠道合作中的专用性投资一般基于长期合作和开展市场需要,经观察发现,连锁企业、主题类行业和知名度比较高的企业比较普遍采用专用性投资这一策略维护渠道关系。因此在样本选取标准方面,本研究样本主要从红酒会所、医药连锁、眼镜连锁和服装业抽取,样本主要分布在山东地区,有济南、青岛、烟台、威海、淄博、临沂六个城市,其他部分样本集中在杭州、温州和上海地区,样本选取品牌主要有悦庄红酒会所、张裕先锋红酒会所、建发酒业、茗庄荟红酒会所、燕喜堂医药连锁、中建眼镜连锁、吴良材眼镜、大明眼镜、舒朗服装、威可多服装等。问卷调研和实地访谈从 2013 年 12 月开始,2014 年 5 月截止,历时 6 个月。总计发放中间商问卷 410 份,实际回收有效问卷 275 份,有效回收率为 67.1%;发放制造商问卷 65 份,实际回收有效问卷 58 份,有效回收率为 89.2%。期间组织企业深度访谈 12 场,总计 68 人,访谈时长均超过一个小时,深度访谈人员的职务主要是企业市场总监、副总经理、总经理和董事长。

在进行实证研究的同时,我们又针对具体企业采用实验研究的方式,对本书研究的问题进行实地观察、跟踪,并记录相应的企业运营数据,从企业的实际表现来验证本书假设和结论的正确性。本书特以悦庄酒业集团下属的红酒会所为例进行重点研究,经公司同意,对悦庄红酒会所的 76 家会所进行分组研究,从中选取性质不同、执行政策不同的 40 家会所分为两组,进行对比研究,并进行了为期 24 个月的观察,记录了 40 家会所从 2013 年 12 月至 2015 年 12 月这 24 个月的经营业绩和双方关系的变化,期间施加了不同的政策影响以观察两组会所数据的变化。同时为了设计不同的实验内容,根据需要把 76 家会所顺序打乱,按照实验要求选取实验对象。

二、调研方法

本书研究主要采取的调研方法有问卷调研法、深度访谈法和实验研究法。

问卷调研法以量化的方式调研中间商对专用性投资、关系质量和机会主义行为的方法,采用学者通用的量表有利于建立模型和数据分析;深度访谈法主要用于无法进行量化的问题和深层次原因分析,如中间商对制造商为什么会有机会主义行为,什么情况下容易发生机会主义行为,对竞争对手如何评价等;实验研究法主要在对悦庄红酒会所做个例研究的时候使用,采用实验设计的方式提供一个高度仿真的企业实验环境,记录企业运营发生的实际问题。在实验期间,人为地设计了部分实验条件以观察企业的实际运营改变,最后达到验证本书研究结论的目的。一般的学术研究基本上是通过问卷调研的方式进行,这种研究方法有先天的缺陷,时间上不连续,仅从研究模型上推出因果关系,对企业的真实情况能反馈多少存在很大的质疑。通过在真实的商业环境采用实验研究的方式,完全再现了企业的客观结果,得出的结论将会有更强的说服性。

(一)问卷调研法

本书在调查中间商专用性投资、关系质量和机会主义行为时,运用统一设计的问卷向被选取的调查对象了解情况或征询意见。在答题上进行了标准化,采用李克特(Likert)7 级量表,其中 1 代表"非常不赞同",2 代表"不赞同",3 代表"比较不赞同",4 代表"一般",5 代表"比较赞同",6 代表"赞同",7 代表"非常赞同"。

(二)深度访谈法

深度访谈法(in-depth interview)是一种无结构的、直接的、个人的访问,在访问过程中,一个掌握高级技巧的调查员深入地访谈一个被调查者,以揭示对某一问题的潜在动机、信念、态度和感情。在研究中,我们主要对难以用问卷调查得出调研结果的问题,采用了深度访谈法,如调研新量表的开发、渠道双方深层次因果关系的认知、质量关系引发的机会主义行为的渐变关系等复杂抽象的问题,只有通过自由交谈,对所关心的主题深入探讨,才能从中总结出所要了解的信息。

(三)实验研究法

本书同时采用了实验研究法对专用性投资、关系质量和机会主义行为之间的关系进行检验。主要方式为实地实验(field experiment),是在自然环境下进行的有控制的研究。实验者在自然环境下操纵自变量,来检验自变量的变化在因变量上所造成的影响,从而发现自变量和因变量之间的因果关系。我们在实验过程中记录了第一手数据,进行定期跟踪,并对部分数据进行实时记录,一方面保证了数据的真实性,另一方面真正收集到连续性数据有利于我们采用更多的统计方法。由于实地实验自身的缺陷性,本书在样本选取中力求排除一些不相干因素的影响,加强可控性,因此根据研究需要设计了四个不同的实验,以期找出支持本书结论的事实依据。

三、小样本测试

在正式大规模调研之前,为提高正式调研的信度和效度,先进行了小范围的预测试,总计发出中间商问卷 80 份,并按照以下标准对问卷进行筛选:一是明确选项超过 3 项;二是连续 7 道选择项目相同;三是问卷中设置的正反题目得分自相矛盾。经筛选,得到有效问卷 65 份。在小样本测试中,本书主要采用项目分析法,主要目的是求出问卷个别题项的决断值——CR 值,对项目分析未达到显著水平的题项将予以删除,各变量小样本测试结果如下。

(一)专用性投资

专用性投资变量总计 7 个题项,经过独立样本 t 检验发现,所选取的 7 个题项均符合要求,具有很好的鉴别度(见表 4.1)。

表 4.1　专用性投资题项独立样本 t 检验

		方差方程的 Levene 检验		均值方程的 t 检验					95%置信区间	
		F	Sig.	t	df	Sig. (双侧)	均值差值	标准误差值	下限	上限
Q11	假设方差相等	13.246	0.000	12.941	120	0.000	2.930	0.226	2.482	3.379
	假设方差不相等			13.268	102.312	0.000	2.930	0.221	2.492	3.369
Q12	假设方差相等	23.582	0.000	6.341	120	0.000	1.675	0.264	1.152	2.197
	假设方差不相等			6.474	108.378	0.000	1.675	0.259	1.162	2.187
Q13	假设方差相等	0.784	0.378	5.583	120	0.000	1.399	0.251	0.903	1.895
	假设方差不相等			5.613	119.989	0.000	1.399	0.249	0.906	1.893
Q14	假设方差相等	0.025	0.874	4.502	120	0.000	1.195	0.265	0.669	1.720
	假设方差不相等			4.504	118.994	0.000	1.195	0.265	0.669	1.720
Q15	假设方差相等	1.995	0.160	7.998	120	0.000	2.011	0.251	1.513	2.509
	假设方差不相等			8.089	117.959	0.000	2.011	0.249	1.519	2.504

续　表

		方差方程的 Levene 检验		均值方程的 t 检验						
		F	Sig.	t	df	Sig.（双侧）	均值差值	标准误差值	95%置信区间 下限	上限
Q16	假设方差相等	2.337	0.129	6.701	120	0.000	1.923	0.287	1.355	2.491
	假设方差不相等			6.758	119.328	0.000	1.923	0.285	1.360	2.486
Q17	假设方差相等	7.526	0.007	11.549	120	0.000	2.579	0.223	2.137	3.021
	假设方差不相等			11.723	115.144	0.000	2.579	0.220	2.143	3.015

（二）关系质量

关系质量变量总计 17 个题项,经过独立样本 t 检验发现,Q595 题项的差异性不显著,鉴别度低,予以删除,其他 16 个题项都符合要求,具有很好的鉴别度（见表 4.2）。

表 4.2　关系质量题项独立样本 t 检验

		方差方程的 Levene 检验		均值方程的 t 检验			
		F	Sig.	t	df	Sig.（双侧）	均值差值
Q51	假设方差相等	19.114	0.000	14.623	87	0.000	3.306
	假设方差不相等			14.521	61.866	0.000	3.306
Q52	假设方差相等	0.108	0.743	11.795	87	0.000	2.742
	假设方差不相等			11.798	87.000	0.000	2.742
Q53	假设方差相等	13.240	0.000	9.886	87	0.000	2.035
	假设方差不相等			9.831	68.949	0.000	2.035
Q54	假设方差相等	2.464	0.120	11.175	87	0.000	2.198
	假设方差不相等			11.152	83.685	0.000	2.198

		方差方程的 Levene 检验		均值方程的 t 检验			
		F	Sig.	t	df	Sig.（双侧）	均值差值
Q55	假设方差相等	1.564	0.214	7.225	87	0.000	2.115
	假设方差不相等			7.239	85.147	0.000	2.115
Q56	假设方差相等	5.373	0.023	6.129	87	0.000	1.952
	假设方差不相等			6.113	81.716	0.000	1.952
Q57	假设方差相等	22.805	0.000	13.144	87	0.000	2.852
	假设方差不相等			13.057	63.737	0.000	2.852
Q58	假设方差相等	7.455	0.008	10.822	87	0.000	2.511
	假设方差不相等			10.739	58.737	0.000	2.511
Q59	假设方差相等	16.528	0.000	9.234	87	0.000	1.987
	假设方差不相等			9.177	66.261	0.000	1.987
Q591	假设方差相等	8.574	0.004	13.635	87	0.000	2.691
	假设方差不相等			13.541	62.361	0.000	2.691
Q592	假设方差相等	13.509	0.000	14.773	87	0.000	3.146
	假设方差不相等			14.677	64.292	0.000	3.146
Q593	假设方差相等	0.460	0.499	7.788	87	0.000	1.839
	假设方差不相等			7.810	82.947	0.000	1.839
Q594	假设方差相等	0.914	0.342	11.463	87	0.000	2.742
	假设方差不相等			11.464	86.974	0.000	2.742
Q595	假设方差相等	6.560	0.012	−2.449	87	0.016	−0.938
	假设方差不相等			−2.456	82.232	0.016	−0.938
Q596	假设方差相等	19.151	0.000	5.053	87	0.000	1.774
	假设方差不相等			5.077	75.267	0.000	1.774

续　表

		方差方程的 Levene 检验		均值方程的 t 检验			
		F	Sig.	t	df	Sig. （双侧）	均值 差值
Q597	假设方差相等	0.962	0.329	5.291	87	0.000	2.060
	假设方差不相等			5.298	86.147	0.000	2.060
Q598	假设方差相等	43.873	0.000	10.878	87	0.000	2.780
	假设方差不相等			10.786	54.706	0.000	2.780

（三）制造商机会主义行为

制造商机会主义行为变量总计 7 个题项，经过独立样本 t 检验发现，所选取的 7 个题项均符合要求，具有很好的鉴别度（见表 4.3）。

表 4.3　制造商机会主义行为独立样本检验

		方差方程的 Levene 检验		均值方程的 t 检验			
		F	Sig.	t	df	Sig. （双侧）	均值 差值
Q31	假设方差相等	1.535	0.217	11.169	163	0.000	2.714
	假设方差不相等			10.875	80.181	0.000	2.714
Q32	假设方差相等	2.628	0.107	18.441	163	0.000	3.309
	假设方差不相等			17.138	73.430	0.000	3.309
Q33	假设方差相等	18.064	0.000	10.842	163	0.000	2.370
	假设方差不相等			9.751	69.368	0.000	2.370
Q34	假设方差相等	0.361	0.549	19.579	163	0.000	3.462
	假设方差不相等			20.139	89.946	0.000	3.462
Q35	假设方差相等	0.643	0.424	17.025	163	0.000	3.373
	假设方差不相等			18.507	102.127	0.000	3.373

续　表

		方差方程的 Levene 检验		均值方程的 t 检验			
		F	Sig.	t	df	Sig.（双侧）	均值差值
Q36	假设方差相等	2.211	0.139	13.721	163	0.000	3.072
	假设方差不相等			14.200	91.176	0.000	3.072
Q37	假设方差相等	2.840	0.094	10.785	163	0.000	2.562
	假设方差不相等			10.060	73.919	0.000	2.562

（四）中间商机会主义行为

中间商机会主义行为变量总计 11 个题项，经过独立样本 t 检验发现，所选取的 11 个题项均符合要求，具有很好的鉴别度（见表 4.4）。

表 4.4　中间商机会主义行为独立样本检验

		方差方程的 Levene 检验		均值方程的 t 检验			
		F	Sig.	t	df	Sig.（双侧）	均值差值
Q41	假设方差相等	0.019	0.890	16.080	89	0.000	3.638
	假设方差不相等			16.097	88.528	0.000	3.638
Q42	假设方差相等	0.268	0.606	12.031	89	0.000	3.084
	假设方差不相等			12.036	88.976	0.000	3.084
Q43	假设方差相等	0.368	0.546	12.205	89	0.000	3.355
	假设方差不相等			12.208	89.000	0.000	3.355
Q44	假设方差相等	64.260	0.000	5.267	89	0.000	1.876
	假设方差不相等			5.223	56.310	0.000	1.876
Q45	假设方差相等	0.066	0.798	15.694	89	0.000	3.504
	假设方差不相等			15.683	88.324	0.000	3.504

		方差方程的 Levene 检验		均值方程的 t 检验			
		F	Sig.	t	df	Sig. （双侧）	均值 差值
Q46	假设方差相等	0.827	0.366	12.531	89	0.000	3.243
	假设方差不相等			12.512	86.964	0.000	3.243
Q47	假设方差相等	1.616	0.207	13.745	89	0.000	3.398
	假设方差不相等			13.774	86.466	0.000	3.398
Q48	假设方差相等	1.778	0.186	13.503	89	0.000	3.323
	假设方差不相等			13.487	87.536	0.000	3.323
Q49	假设方差相等	0.869	0.354	12.086	89	0.000	3.370
	假设方差不相等			12.098	88.627	0.000	3.370
Q491	假设方差相等	13.732	0.000	14.202	89	0.000	3.454
	假设方差不相等			14.147	78.065	0.000	3.454
Q492	假设方差相等	0.200	0.655	14.132	89	0.000	3.679
	假设方差不相等			14.136	88.995	0.000	3.679

（五）专用性投资不对等

专用性投资不对等变量总计 3 个题项,经过独立样本 t 检验发现,所选取的 3 个题项均符合要求,具有很好的鉴别度(见表 4.5)。

表 4.5 专用性投资不对等独立样本检验

		方差方程的 Levene 检验		均值方程的 t 检验			
		F	Sig.	t	df	Sig. （双侧）	均值 差值
Q71	假设方差相等	5.578	0.020	11.600	121	0.000	1.854
	假设方差不相等			11.992	119.646	0.000	1.854

续 表

		方差方程的 Levene 检验		均值方程的 t 检验				
		F	Sig.	t	df	Sig. （双侧）	均值 差值
Q72	假设方差相等	8.309	0.005	15.146	121	0.000	2.745
	假设方差不相等			14.675	96.801	0.000	2.745
Q73	假设方差相等	2.953	0.088	15.170	121	0.000	2.641
	假设方差不相等			14.941	107.546	0.000	2.641

第三节 数 据 处 理

研究中的各个变量的测验量表大部分来自国内外经过验证的成熟变量，因此主要采用 CITC 分析、信度分析和探索性因子分析，对各测量题项进行筛选和修正，从而提高量表的可靠性和准确性。

一、主要测量分析方法简介

（一）CITC 分析

CITC(Corrected-item Total Correlation)分析是净化测量量表题项的方法之一。中外学者对 CITC 值的标准存在一定的分歧，Cronbach(1951)认为当 CITC 的值小于 0.5 时，一般应该删除此题项。中国学者卢纹岱(2002)认为当 CITC 值小于 0.5 或小于 0.3 时，通常需要删除该测量题项。鉴于大部分学者研究都选择 0.5 作为删除标准，为提高量表的质量，本书以 0.5 作为净化测量题项的标准。

（二）信度分析

信度(Reliability)是指采用同样的方法对同一对象重复测量时所得结果的一致性程度。信度指标多以相关系数表示，大致分为三类：稳定系数（跨时间的一致性）、等值系数（跨形式的一致性）和内在一致性系数（跨项目的一致性）。信度分析的方法主要有以下四种：重侧信度法、复本信度法、折半信度法、α 信度系数法。在社会科学领域的实证研究中，目前学术界普遍使用的是

Cronbach's α 信度系数法来对李克特量表进行信度检验。主要通过题项修正前后 α 系数变化程度来衡量各量表的内部一致性,以检验测量题项是否能够更好地与研究设计的理论构念相契合。一般情况下,总量表的信度系数最好在 0.8 以上,0.7 与 0.8 之间可以接受,分量表的信度系数最好在 0.7 以上,0.6 与 0.7 之间可以接受,Cronbach's α 系数如果在 0.6 以下就要考虑重新编制问卷。

(三) 探索性因子分析

在 CITC 分析和信度分析的基础之上进行探索性因子分析(Exploratory Factor Analysis,EFA),以判断是否对量表的各因子进行降维处理或者删除相应题项。探索性因子分析可以检验理论上归属于同一维度的所有题项能否清楚形成一个提取方差比率最大的共同因子,从而可以表达和概念化该维度的内涵。本研究中,先采用 KMO(Kaiser-Meyer-Olkin)值和 Bartlert 球形检验(Bartlett's Sphericity Test)判断样本是否适合进行因子分析。其中 KMO 值的判断标准为:KMO 值大于 0.9,非常合适;0.80~0.90,合适;0.70~0.80,一般;0.60~0.70,勉强合适;0.50~0.60,不合适;小于 0.50,不能接受。Bartlett 球形检验一般只要达到显著水平即可(郭志刚,2004)。然后采用主成分分析法和方差最大旋转法求解共同因子,方差最大旋转法的目的在于使转轴后的每一个公共因子的载荷向 ±1 或者 0 靠近,有利于解释公共因子的实际含义(马庆国,2002)。本书将借鉴国外成熟量表,先设定因子数,以因子载荷值小于 0.50(马庆国,2002)为题项取舍尺度,提取因子的累计方差解释率不低于 50%,同时对因子负载超过 0.40(Gorsuch,1983)的题项予以删除。

二、CITC 分析和信度分析

(一) 制造商专用性投资问卷测试

制造商专用性投资量表主要采取了 Heide & John(1990)、Anderson & Weitz(1992)、Jap & Ganesan(2000)的量表,共 7 个题项,包括资金、设备、工作流程、资源配置、感情等内容,通过对制造商专用性投资做 CITC 分析和信度分析,"专用性投资"维度各题项的检验结果显示,除题项 Q17 以外,其他 CITC 值均大于 0.5,表明量表中的单个题项均与其他题项高度相关。项目删除时的 Cronbach's α 系数的数值均小于子量表(0.850),见表 4.6。因此,该量表具有较高的信度。

表 4.6 制造商专用性投资量表题项 CITC 测试和信度分析表

预测题项	校正的项总计相关性	项目已删除的 Cronbach's α 值	Cronbach's α 值
专用性投资			0.850
Q11	0.657	0.820	
Q12	0.746	0.807	
Q13	0.638	0.824	
Q14	0.587	0.831	
Q15	0.639	0.823	
Q16	0.570	0.834	
Q17	0.439	0.852	

（二）中间商专用性投资问卷测试

中间商专用性投资量表主要采取了 Anderson(1985)、Buvik & John(2000)、Stump & John(1996)的量表，共 7 个题项，包括资金、设备、工作流程、资源配置、感情等内容，通过对中间商专用性投资做 CITC 分析和信度分析，"专用性投资"维度各题项的检验结果显示，CITC 值均大于 0.5，表明量表中的单个题项均与其他题项高度相关。项目删除时的 Cronbach's α 的数值均小于子量表（0.869），见表 4.7。因此，该量表具有高的信度。

表 4.7 中间商专用性投资量表题项 CITC 测试和信度分析表

预测题项	校正的项总计相关性	项目已删除的 Cronbach's α 值	Cronbach's α 值
专用性投资			0.869
Q21	0.596	0.855	
Q22	0.629	0.852	
Q23	0.664	0.846	
Q24	0.670	0.845	
Q25	0.670	0.845	

预测题项	校正的项 总计相关性	项目已删除的 Cronbach's α 值	Cronbach's α 值
Q26	0.651	0.848	
Q27	0.621	0.852	

（三）制造商机会主义行为问卷测试

制造商机会主义行为量表主要采取了 Anderson(1988)、Brown, Dev & Lee (2000)、Gundlach, Achrol & Mentzer(1995)的量表,共 7 个题项。CITC 值均大于 0.6,表明量表中的单个题项均与其他题项高度相关。项目删除时的 Cronbach's α 系数的数值均小于子量表(0.934),见表 4.8。因此,该量表具有高的信度。

表 4.8　制造商机会主义行为量表题项 CITC 测试和信度分析表

预测题项	校正的项 总计相关性	项目已删除的 Cronbach's α 值	Cronbach's α 值
机会主义行为			0.934
Q31	0.714	0.931	
Q32	0.884	0.915	
Q33	0.744	0.929	
Q34	0.886	0.915	
Q35	0.857	0.918	
Q36	0.828	0.921	
Q37	0.610	0.920	

（四）中间商机会主义行为问卷测试

中间商机会主义行为量表主要采取了 Anderson(1988)、Brown, Dev & Lee (2000)、Gundlach, Achrol & Mentzer(1995)的量表,共 11 个题项,除 Q47 以外,各题项的 CITC 值均大于 0.5,表明量表中的单个题项均与其他题项高度相关。项目删除时的 Cronbach's α 系数的数值均小于子量表(0.919),见表 4.9。因此,该量表具有高的信度。

表 4.9　中间商机会主义行为量表题项 CITC 测试和信度分析表

预测题项	校正的项总计相关性	项目已删除的 Cronbach's α 值	Cronbach's α 值
机会主义行为			0.919
Q41	0.741	0.909	
Q42	0.719	0.910	
Q43	0.703	0.911	
Q44	0.404	0.924	
Q45	0.721	0.910	
Q46	0.660	0.913	
Q47	0.714	0.910	
Q48	0.717	0.910	
Q49	0.664	0.912	
Q491	0.743	0.909	
Q492	0.700	0.911	

（五）关系质量问卷测试

关系质量量表比较统一,数量较多,总计采取的量表共 17 个题项。除 Q595 以外,各题项的 CITC 值均大于 0.5,表明量表中的单个题项均与其他题项高度相关。项目删除时的 Cronbach's α 系数的数值均小于子量表（0.919）,见表 4.10。因此,该量表具有高的信度。

表 4.10　关系质量量表题项 CITC 测试和信度分析表

预测题项	校正的项总计相关性	项目已删除的 Cronbach's α 值	Cronbach's α 值
关系质量			0.919
Q51	0.575	0.911	
Q52	0.695	0.908	
Q53	0.587	0.911	

预测题项	校正的项 总计相关性	项目已删除的 Cronbach's α 值	Cronbach's α 值
Q54	0.616	0.910	
Q55	0.579	0.911	
Q56	0.546	0.912	
Q57	0.671	0.908	
Q58	0.739	0.907	
Q59	0.603	0.911	
Q591	0.684	0.908	
Q502	0.661	0.909	
Q593	0.568	0.911	
Q594	0.638	0.909	
Q595	0.448	0.915	
Q596	0.526	0.913	
Q597	0.521	0.914	
Q596	0.631	0.910	

（六）关系价值问卷测试

关系价值的量表共 6 个题项,各题项 CITC 值均大于 0.5,表明量表中的单个题项均与其他题项高度相关。项目删除时的 Cronbach's α 系数的数值均小于子量表(0.884),见表 4.11。因此,该量表具有高的信度。

表 4.11　关系价值量表题项 CITC 测试和信度分析表

预测题项	校正的项 总计相关性	项目已删除的 Cronbach's α 值	Cronbach's α 值
关系价值			0.884
Q31	0.662	0.864	

续 表

预测题项	校正的项总计相关性	项目已删除的Cronbach's α 值	Cronbach's α 值
Q32	0.623	0.869	
Q33	0.715	0.858	
Q34	0.749	0.850	
Q35	0.695	0.857	
Q36	0.733	0.852	

（七）专用性投资不对等问卷测试

专用性投资不对等量表主要根据访谈内容和文献资料进行自设,总计共3 个题项,除 Q71 以外,CITC 值均大于 0.5,表明量表中的单个题项均与其他题项高度相关。项目删除时的 Cronbach's α 系数的数值均小于子量表(0.735),见表 4.12。因此,该量表具有高的信度。

表 4.12 专用性投资不对等量表题项 CITC 测试和信度分析表

预测题项	校正的项总计相关性	项目已删除的Cronbach's α 值	Cronbach's α 值
专用性投资不对等			0.735
Q71	0.482	0.738	
Q72	0.649	0.536	
Q73	0.571	0.637	

三、探索性因子分析

（一）制造商专用性投资探索性因子分析

通过对制造商专用性投资进行探索性因子分析,结果表明,该测量量表的KMO 值为 0.847,Bartlett 球形检验卡方值为 445.080。显著性水平为 0.000,表明适合做因子分析;Q12 题项跨因子负载超过 0.40,予以删除;解释度超过50%,符合研究要求(见表 4.13、表 4.14)。

表 4.13 制造商专用性投资的 KMO 和 Bartlett 检验

KMO 值		0.847
Bartlett 球形检验	近似卡方	445.080
	df	15
	Sig.	0.000

表 4.14 制造商专用性投资题项探索性因子分析

题 项	因子 1	因子 2	因子 3
Q11	0.857		
Q15	0.804		
Q14		0.887	
Q13		0.785	
Q12	0.603	0.612	
Q16			0.944
特征值	3.504	0.801	0.631
累计解释方差/%	58.397	71.742	82.266

(二) 中间商专用性投资问卷测试

通过对中间商专用性投资进行探索性因子分析,结果表明,该测量量表的 KMO 值为 0.871,Bartlett 球形检验卡方值为 489.297,显著性水平为 0.000,表明适合做因子分析;Q23、Q26 题项的特征值小于 0.60,且跨因子负载大于 0.40,予以删除;解释度超过 50%,符合研究要求(见表 4.15、表 4.16)。

表 4.15 中间商专用性投资的 KMO 和 Bartlett 检验

KMO 值		0.871
Bartlett 球形检验	近似卡方	489.297
	df	21
	Sig.	0.000

表 4.16 中间商专用性投资题项探索性因子分析

题 项	因子 1	因子 2	因子 3	因子 4
Q24	0.784			
Q25	0.756			
Q23	0.589		0.500	
Q22		0.863		
Q26	0.573	0.577		
Q21			0.860	
Q27				0.857
特征值	3.921	0.683	0.630	0.615
累计解释方差/%	56.008	65.769	74.767	83.551

（三）制造商机会主义行为探索性因子分析

通过对制造商机会主义行为进行探索性因子分析,结果表明,该测量量表的 KMO 值为 0.921,Bartlett 球形检验卡方值为 1 037.526,显著性水平为 0.000,表明适合做因子分析,Q36 题项跨因子负载大于 0.40,予以删除;解释度超过 50%,符合研究要求(见表 4.17、表 4.18)。

表 4.17 制造商机会主义行为的 KMO 和 Bartlett 检验

KMO 值		0.921
Bartlett 球形检验	近似卡方	1 037.526
	df	21
	Sig.	0.000

表 4.18 制造商机会主义行为探索性因子分析

题 项	因子 1	因子 2
Q31	0.862	
Q32	0.840	

续　表

题　项	因子1	因子2
Q34	0.819	
Q33	0.788	
Q35	0.695	
Q36	0.637	0.627
Q37		0.930
特征值	5.060	72.285
累计解释方差/%	0.666	81.806

（四）中间商机会主义行为探索性因子分析

通过对中间商机会主义行为进行探索性因子分析,结果表明,该测量量表的 KMO 值为 0.876,Bartlett 球形检验卡方值为 1 142.320,显著性水平为 0.000,表明适合做因子分析,解释度超过 50%,符合研究要求(见表 4.19、表 4.20)。

表 4.19　中间商机会主义行为的 KMO 和 Bartlett 检验

KMO 值		0.876
Bartlett 球形检验	近似卡方	1 142.320
	df	45
	Sig.	0.000

表 4.20　中间商机会主义行为探索性因子分析

题　项	因子1	因子2	因子3
Q49	0.809		
Q48	0.692		
Q491	0.692		
Q47	0.634		

续　表

题　项	因子 1	因子 2	因子 3
Q46		0.761	
Q42		0.753	
Q41		0.743	
Q45			0.772
Q492			0.710
Q43			0.689
特征值	5.590	0.853	0.770
累计解释方差/%	59.502	68.035	75.738

（五）关系质量探索性因子分析

通过对关系质量进行探索性因子分析，结果表明，该测量量表的 KMO 值为 0.847，Bartlett 球形检验卡方值为 1 790.743，显著性水平为 0.000，表明适合做因子分析，Q52、Q57、Q591 题项的特征值小于 0.60，予以删除；解释度超过 50%，符合研究要求（见表 4.21、表 4.22）。

表 4.21　关系质量的 KMO 和 Bartlett 检验

KMO 值		0.847
Bartlett 球形检验	近似卡方	1 790.743
	df	120
	Sig.	0.000

表 4.22　关系质量探索性因子分析

题　项	因子 1	因子 2	因子 3	因子 4	因子 5	因子 6
Q594	0.815					
Q598	0.752					

续　表

题　项	因子1	因子2	因子3	因子4	因子5	因子6
Q592	0.701					
Q591	0.578					
Q57	0.574					
Q59		0.834				
Q58		0.741				
Q593		0.718				
Q597			0.859			
Q596			0.843			
Q54				0.835		
Q53				0.604		
Q55					0.802	
Q56					0.710	
Q51						0.864
Q52						0.491
特征值	7.361	1.838	1.16	1.038	1.017	0.611
累计解释方差/%	46.007	57.497	64.749	71.234	77.590	81.411

（六）专用性投资不对等探索性因子分析

通过对关系质量进行探索性因子分析，结果表明，该测量量表的 KMO 值为 0.670，Bartlett 球形检验卡方值为 72.369，显著性水平为 0.000，表明适合做因子分析，解释度超过 50%，符合研究要求（见表 4.23、表 4.24）。

表 4.23 专用性投资不对等的 KMO 和 Bartlett 检验

KMO 值		0.670
Bartlett 球形检验	近似卡方	72.369
	df	1
	Sig.	0.000

表 4.24 专用性投资不对等探索性因子分析

题　　项	因子 1
Q73	0.890
Q72	0.890
特征值	8.362
累计解释方差/%	56.435

第四节　小　　结

通过对各变量依次进行了 CITC 分析、信度分析和探索性因子分析,分别剔除了不符合标准的题项,最后对数据进行验证性因子分析,本研究收集的数据有较高的效度,可以利用该批数据进行下一步实证研究。

第五章 数据分析与结果

本章主要对净化后的数据进行统计和分析,以验证本研究提出的假设和逻辑关系。在探讨专用性投资、关系质量和机会主义行为作用机制的过程中,除了对主要变量进行深入探讨,还需要对其他变量进行控制。因此本研究还从行业竞争强度、企业性质、公司存续时间、客户的重要程度和人员规模等角度入手,通过研究这些因素对关键变量的影响,一方面有利于对专用性投资和中间商机会主义行为内容做进一步扩展,另一方面可以对影响变量进行有效的控制,以得出更本质的研究结论。

第一节 数据分析

一、样本描述性统计

本研究问卷涉及受访企业的相关信息主要包括企业人员规模、存续时间、客户重要程度、企业性质、行业竞争强度等,详见表5.1。可以发现样本有如下特征:① 中小企业居多,100 人以下的企业占比为 81.7%;② 大部分企业存续时间在 5 年以上,5 年以上企业占比为 62.8%;③ 单一客户对企业的贡献度处于重要地位,客户重要性在 10% 以上的占比为 96.6%;④ 企业性质属于私营企业的比例为 67.4%,说明决策受体制和属性干扰性小;⑤ 行业竞争强度处于"供过于求"与"供需大体平衡"的比例在 78.9%,行业竞争强度较高,对合作政策的敏感度高。这些样本特征保证了本研究开展的有效性。

表 5.1 样本企业特征描述表

变 量	类 别	频 数	百分比/%	有效百分比/%
企业人数	3 人以下	21	12.0	12.0
	3～10 人	38	21.7	21.7

变　量	类　别	频　数	百分比/％	有效百分比/％
企业人数	11～30 人	32	18.3	18.3
	31～50 人	30	17.1	17.1
	51～100 人	22	12.6	12.6
	101～200 人	22	12.6	12.6
	200 人以上	10	5.7	5.7
存续年限	2 年以下	11	6.3	6.3
	3～5 年	54	30.9	30.9
	6～10 年	65	37.1	37.1
	11～20 年	36	20.6	20.6
	20 年以上	9	5.1	5.1
客户重要程度	10％以下	6	3.4	3.4
	11％～30％	30	17.1	17.1
	31％～50％	49	28.0	28.0
	51％～80％	61	34.9	34.9
	80％以上	29	16.6	16.6
企业性质	国有企业	7	4.0	4.0
	外资企业	7	4.0	4.0
	中外合资(作)企业	10	5.7	5.7
	集体企业	8	4.6	4.6
	私营企业	118	67.4	67.4
	其　他	25	14.3	14.3
行业竞争强度	供过于求	57	32.6	32.6
	供需大体平衡	81	46.3	46.3

变　量	类　别	频　数	百分比/%	有效百分比/%
行业 竞争强度	供不应求	26	14.9	14.9
	垄断或特许经营行业	11	6.3	6.3

二、各变量关系分析

通过对企业属性变量与专用性投资、关系质量和机会主义行为关系的分析，探究属性变量是否对主要变量的关系产生显著性差异，如果存在显著性差异，在分析主要变量关系时将把企业属性变量设置为控制变量的方式，以排除企业属性变量对主要变量的干扰。

（一）企业人员规模与专用性投资、关系质量和机会主义行为关系分析

通过单因素方差分析检验得出，企业的人员规模对制造商专用性投资各变量存在显著性差异（见表5.2）。

表 5.2　企业人员规模与制造商专用性投资单因素方差分析

		平方和	df	均方	F	显著性
Q11	组间	124.895	6	20.816	9.323	0.000
	组内	375.105	168	2.233		
	总数	500.000	174			
Q13	组间	40.336	6	6.723	3.590	0.002
	组内	314.601	168	1.873		
	总数	354.937	174			
Q14	组间	27.352	6	4.559	2.365	0.032
	组内	323.882	168	1.928		
	总数	351.234	174			
Q15	组间	61.293	6	10.216	4.175	0.001
	组内	411.084	168	2.447		
	总数	472.377	174			

		平方和	df	均方	F	显著性
	组间	70.529	6	11.755	4.566	0.000
Q16	组内	432.465	168	2.574		
	总数	502.994	174			

如表 5.3 所示,企业人员规模与关系质量存在很大差异性,与量表题项 Q51、Q53、Q54、Q58、Q592、Q593、Q594、Q596、Q597、Q598 具有显著性差异,而与 Q55、Q56、Q59 的显著性不明显。

表 5.3　企业人员规模与关系质量的单因素方差分析

		平方和	df	均方	F	显著性
	组间	47.440	6	7.907	2.851	0.011
Q51	组内	465.988	168	2.774		
	总数	513.429	174			
	组间	26.090	6	4.348	2.788	0.013
Q53	组内	262.047	168	1.560		
	总数	288.137	174			
	组间	31.000	6	5.167	3.305	0.004
Q54	组内	262.635	168	1.563		
	总数	293.634	174			
	组间	27.695	6	4.616	2.147	0.051
Q55	组内	361.139	168	2.150		
	总数	388.834	174			
	组间	20.514	6	3.419	1.421	0.209
Q56	组内	404.206	168	2.406		
	总数	424.720	174			

		平方和	df	均方	F	显著性
Q58	组间	27.624	6	4.604	2.777	0.013
	组内	278.525	168	1.658		
	总数	306.149	174			
Q59	组间	14.062	6	2.344	1.552	0.164
	组内	253.733	168	1.510		
	总数	267.794	174			
Q592	组间	64.033	6	10.672	5.174	0.000
	组内	346.504	168	2.063		
	总数	410.537	174			
Q593	组间	29.475	6	4.912	3.697	0.002
	组内	223.234	168	1.329		
	总数	252.709	174			
Q594	组间	48.431	6	8.072	4.441	0.000
	组内	305.363	168	1.818		
	总数	353.794	174			
Q596	组间	67.152	6	11.192	4.445	0.000
	组内	422.996	168	2.518		
	总数	490.149	174			
Q597	组间	43.229	6	7.205	2.300	0.037
	组内	526.279	168	3.133		
	总数	569.509	174			
Q598	组间	68.160	6	11.360	6.305	0.000
	组内	302.697	168	1.802		
	总数	370.857	174			

如表 5.4 所示，人员规模与中间商机会主义行为各题项除 Q47 外均存在显著性影响。

表 5.4　人员规模与中间商机会主义行为单因素方差分析

		平方和	df	均方	F	显著性
Q41	组间	63.757	6	10.626	3.423	0.003
	组内	521.478	168	3.104		
	总数	585.234	174			
Q42	组间	38.642	6	6.440	2.428	0.028
	组内	445.552	168	2.652		
	总数	484.194	174			
Q43	组间	59.473	6	9.912	3.413	0.003
	组内	487.864	168	2.904		
	总数	547.337	174			
Q45	组间	57.916	6	9.653	3.209	0.005
	组内	505.262	168	3.008		
	总数	563.177	174			
Q46	组间	41.798	6	6.966	2.369	0.032
	组内	493.939	168	2.940		
	总数	535.737	174			
Q47	组间	34.750	6	5.792	1.871	0.089
	组内	520.108	168	3.096		
	总数	554.857	174			
Q48	组间	92.178	6	15.363	5.702	0.000
	组内	452.679	168	2.695		
	总数	544.857	174			

续 表

		平方和	df	均方	F	显著性
	组间	42.331	6	7.055	2.318	0.036
Q49	组内	511.383	168	3.044		
	总数	553.714	174			
	组间	54.565	6	9.094	3.420	0.003
Q491	组内	446.783	168	2.659		
	总数	501.349	174			
	组间	71.986	6	11.998	3.482	0.003
Q492	组内	578.894	168	3.446		
	总数	650.880	174			

（二）企业存续时间与专用性投资、关系质量和机会主义行为关系分析

从表 5.5 可知,企业存续时间对制造商专用性投资各题项除 Q11 存在显著性差异以外,其他题项不存在显著性差异。这一数据表明企业存续时间不是制造商是否进行专用性投资的影响条件。

表 5.5 企业存续时间与制造商专用性投资单因素方差分析

		平方和	df	均方	F	显著性
	组间	41.195	4	10.299	3.816	0.005
Q11	组内	458.805	170	2.699		
	总数	500.000	174			
	组间	2.764	4	0.691	0.334	0.855
Q13	组内	352.173	170	2.072		
	总数	354.937	174			
	组间	11.836	4	2.959	1.482	0.210
Q14	组内	339.398	170	1.996		
	总数	351.234	174			

		平方和	df	均方	F	显著性
	组间	13.305	4	3.326	1.232	0.299
Q15	组内	459.072	170	2.700		
	总数	472.377	174			
	组间	16.005	4	4.001	1.397	0.237
Q16	组内	486.989	170	2.865		
	总数	502.994	174			

表 5.6 中的数据显示，Q53、Q59、Q596 存在显著性差异，表明关系质量中的信任维度与企业的存续时间有显著性差异，其余变量没有显著性差异。关系质量的满意和承诺维度没有显著性差异。

表 5.6　企业存续时间与关系质量的单因素方差分析

		平方和	df	均方	F	显著性
	组间	23.877	4	5.969	2.073	0.086
Q51	组内	489.552	170	2.880		
	总数	513.429	174			
	组间	17.980	4	4.495	2.829	0.026
Q53	组内	270.157	170	1.589		
	总数	288.137	174			
	组间	4.935	4	1.234	0.727	0.575
Q54	组内	288.699	170	1.698		
	总数	293.634	174			
	组间	18.107	4	4.527	2.076	0.086
Q55	组内	370.728	170	2.181		
	总数	388.834	174			

		平方和	df	均方	F	显著性
Q56	组间	11.530	4	2.883	1.186	0.319
	组内	413.190	170	2.431		
	总数	424.720	174			
Q58	组间	14.178	4	3.544	2.064	0.088
	组内	291.971	170	1.717		
	总数	306.149	174			
Q59	组间	16.997	4	4.249	2.880	0.024
	组内	250.797	170	1.475		
	总数	267.794	174			
Q592	组间	0.072	4	0.018	0.007	1.000
	组内	410.465	170	2.415		
	总数	410.537	174			
Q593	组间	2.157	4	0.539	0.366	0.833
	组内	250.551	170	1.474		
	总数	252.709	174			
Q594	组间	8.378	4	2.094	1.031	0.393
	组内	345.417	170	2.032		
	总数	353.794	174			
Q596	组间	34.340	4	8.585	3.202	0.014
	组内	455.809	170	2.681		
	总数	490.149	174			
Q597	组间	24.384	4	6.096	1.901	0.112
	组内	545.125	170	3.207		
	总数	569.509	174			

		平方和	df	均方	F	显著性
	组间	6.271	4	1.568	0.731	0.572
Q598	组内	364.586	170	2.145		
	总数	370.857	174			

表 5.7 中的数据显示，Q42、Q48、Q49、Q491、Q492 题项与企业存续时间有很大差异性，其他选项不显著。

表 5.7　企业存续时间与机会主义行为的单因素方差分析

		平方和	df	均方	F	显著性
	组间	27.555	4	6.889	2.100	0.083
Q41	组内	557.679	170	3.280		
	总数	585.234	174			
	组间	45.792	4	11.448	4.439	0.002
Q42	组内	438.402	170	2.579		
	总数	484.194	174			
	组间	29.121	4	7.280	2.388	0.053
Q43	组内	518.216	170	3.048		
	总数	547.337	174			
	组间	23.524	4	5.881	1.853	0.121
Q45	组内	539.653	170	3.174		
	总数	563.177	174			
	组间	22.052	4	5.513	1.824	0.126
Q46	组内	513.685	170	3.022		
	总数	535.737	174			

		平方和	*df*	均方	*F*	显著性
	组间	18.409	4	4.602	1.458	0.217
Q47	组内	536.448	170	3.156		
	总数	554.857	174			
	组间	50.280	4	12.570	4.321	0.002
Q48	组内	494.577	170	2.909		
	总数	544.857	174			
	组间	32.857	4	8.214	2.681	0.033
Q49	组内	520.858	170	3.064		
	总数	553.714	174			
	组间	34.743	4	8.686	3.164	0.015
Q491	组内	466.606	170	2.745		
	总数	501.349	174			
	组间	51.595	4	12.899	3.659	0.007
Q492	组内	599.285	170	3.525		
	总数	650.880	174			

（三）客户重要程度与专用性投资、关系质量和机会主义行为关系分析

客户重要程度主要以中间商从制造商采购总额占制造商年营业额的比重来计算，这是最直接的经济指标，通过比例的多少反映中间商在制造商公司客户中的重要程度。表 5.8 中的数据显示，客户重要程度对制造商的专用性投资各题项没有显著性差异。说明客户重要程度不是进行专用性投资的重要因素，是否进行专用性投资本身取决于制造商市场规划和客户性质。

表 5.8　客户重要程度与专用性投资单因素方差分析

		平方和	df	均方	F	显著性
Q11	组间	37.894	4	9.474	3.485	0.059
	组内	462.106	170	2.718		
	总数	500.000	174			
Q13	组间	11.819	4	2.955	1.464	0.215
	组内	343.119	170	2.018		
	总数	354.937	174			
Q14	组间	15.380	4	3.845	1.946	0.105
	组内	335.854	170	1.976		
	总数	351.234	174			
Q15	组间	13.700	4	3.425	1.269	0.284
	组内	458.677	170	2.698		
	总数	472.377	174			
Q16	组间	27.515	4	6.879	2.459	0.057
	组内	475.479	170	2.797		
	总数	502.994	174			

从表 5.9 中的数据可知，Q51、Q55、Q596、Q597 题项表明客户重要程度对关系质量有显著性差异，进一步分析发现，有显著性差异的题项主要是关系质量中关于合作理念的题项。其他题项没有显著影响，表明客户重要程度不影响满意和承诺维度。

表 5.9　客户重要程度与关系质量单因素方差分析

		平方和	df	均方	F	显著性
Q51	组间	32.532	4	8.133	2.875	0.024
	组内	480.896	170	2.829		
	总数	513.429	174			

		平方和	df	均方	F	显著性
Q53	组间	3.909	4	0.977	0.585	0.674
	组内	284.228	170	1.672		
	总数	288.137	174			
Q54	组间	8.584	4	2.146	1.280	0.280
	组内	285.050	170	1.677		
	总数	293.634	174			
Q55	组间	29.172	4	7.293	3.447	0.010
	组内	359.662	170	2.116		
	总数	388.834	174			
Q56	组间	19.328	4	4.832	2.026	0.093
	组内	405.392	170	2.385		
	总数	424.720	174			
Q58	组间	3.332	4	0.833	0.468	0.759
	组内	302.816	170	1.781		
	总数	306.149	174			
Q59	组间	5.734	4	1.434	0.930	0.448
	组内	262.060	170	1.542		
	总数	267.794	174			
Q592	组间	6.577	4	1.644	0.692	0.598
	组内	403.960	170	2.376		
	总数	410.537	174			
Q593	组间	6.850	4	1.713	1.184	0.320
	组内	245.859	170	1.446		
	总数	252.709	174			

续　表

		平方和	df	均方	F	显著性
	组间	5.908	4	1.477	0.722	0.578
Q594	组内	347.886	170	2.046		
	总数	353.794	174			
	组间	33.930	4	8.483	3.161	0.015
Q596	组内	456.218	170	2.684		
	总数	490.149	174			
	组间	46.922	4	11.731	3.816	0.005
Q597	组内	522.586	170	3.074		
	总数	569.509	174			
	组间	11.458	4	2.864	1.355	0.252
Q598	组内	359.399	170	2.114		
	总数	370.857	174			

从表5.10中的数据可知,Q41、Q43、Q491、Q492题项表明客户重要程度对机会主义行为有显著性差异,进一步分析发现,有显著性差异的题项主要是机会主义行为信息隐瞒和因权力依赖带来资源侵占。

表 5.10　客户重要程度与机会主义行为单因素方差分析

		平方和	df	均方	F	显著性
	组间	50.253	4	12.563	3.992	0.004
Q41	组内	534.981	170	3.147		
	总数	585.234	174			
	组间	14.394	4	3.599	1.302	0.271
Q42	组内	469.800	170	2.764		
	总数	484.194	174			

		平方和	df	均方	F	显著性
Q43	组间	38.676	4	9.669	3.232	0.014
	组内	508.661	170	2.992		
	总数	547.337	174			
Q45	组间	28.804	4	7.201	2.291	0.062
	组内	534.373	170	3.143		
	总数	563.177	174			
Q46	组间	23.207	4	5.802	1.924	0.109
	组内	512.530	170	3.015		
	总数	535.737	174			
Q47	组间	19.320	4	4.830	1.533	0.195
	组内	535.537	170	3.150		
	总数	554.857	174			
Q48	组间	28.327	4	7.082	2.331	0.058
	组内	516.530	170	3.038		
	总数	544.857	174			
Q49	组间	21.253	4	5.313	1.696	0.153
	组内	532.461	170	3.132		
	总数	553.714	174			
Q491	组间	37.332	4	9.333	3.419	0.010
	组内	464.017	170	2.730		
	总数	501.349	174			
Q492	组间	41.449	4	10.362	2.891	0.024
	组内	609.431	170	3.585		
	总数	650.880	174			

（四）企业性质与专用性投资、关系质量和机会主义行为关系分析

表 5.11 中的数据显示，企业性质对制造商的专用性投资各题项没有显著性差异。说明企业性质不是进行专用性投资的重要因素。

表 5.11　企业性质与专用性投资单因素方差分析

		平方和	df	均方	F	显著性
Q11	组间	5.870	5	1.174	0.402	0.847
	组内	494.130	169	2.924		
	总数	500.000	174			
Q13	组间	11.120	5	2.224	1.093	0.366
	组内	343.818	169	2.034		
	总数	354.937	174			
Q14	组间	18.531	5	3.706	1.883	0.100
	组内	332.703	169	1.969		
	总数	351.234	174			
Q15	组间	16.032	5	3.206	1.187	0.317
	组内	456.345	169	2.700		
	总数	472.377	174			
Q16	组间	5.209	5	1.042	0.354	0.879
	组内	497.785	169	2.945		
	总数	502.994	174			

表 5.12 中的数据显示，企业性质对关系质量中除 Q59 外的各题项没有显著性差异。说明不同的企业性质在专用性投资和关系质量之间大多不存在显著性差异。

表 5.12　企业性质与关系质量单因素方差分析

		平方和	df	均方	F	显著性
Q51	组间	14.346	5	2.869	0.972	0.437
	组内	499.083	169	2.953		
	总数	513.429	174			
Q53	组间	20.047	5	4.009	2.527	0.051
	组内	268.090	169	1.586		
	总数	288.137	174			
Q54	组间	9.922	5	1.984	1.182	0.320
	组内	283.712	169	1.679		
	总数	293.634	174			
Q55	组间	5.977	5	1.195	0.528	0.755
	组内	382.858	169	2.265		
	总数	388.834	174			
Q56	组间	12.892	5	2.578	1.058	0.386
	组内	411.828	169	2.437		
	总数	424.720	174			
Q58	组间	4.396	5	0.879	0.492	0.782
	组内	301.753	169	1.786		
	总数	306.149	174			
Q59	组间	19.256	5	3.851	2.619	0.026
	组内	248.538	169	1.471		
	总数	267.794	174			
Q592	组间	9.721	5	1.944	0.820	0.537
	组内	400.816	169	2.372		
	总数	410.537	174			

项目		平方和	df	均方	F	显著性
Q593	组间	5.644	5	1.129	0.772	0.571
	组内	247.065	169	1.462		
	总数	252.709	174			
Q594	组间	1.903	5	0.381	0.183	0.969
	组内	351.891	169	2.082		
	总数	353.794	174			
Q596	组间	18.617	5	3.723	1.334	0.252
	组内	471.532	169	2.790		
	总数	490.149	174			
Q597	组间	7.332	5	1.466	0.441	0.820
	组内	562.177	169	3.326		
	总数	569.509	174			
Q598	组间	9.685	5	1.937	0.906	0.478
	组内	361.172	169	2.137		
	总数	370.857	174			

从表 5.13 中的数据可知,Q47、Q49、Q492 题项表明企业性质对机会主义行为有显著性差异,进一步分析发现,有显著性差异的题项主要是信息隐瞒和品牌使用。

表 5.13　企业性质与机会主义行为单因素方差分析

项目		平方和	df	均方	F	显著性
Q41	组间	31.030	5	6.206	1.892	0.098
	组内	554.204	169	3.279		
	总数	585.234	174			

		平方和	df	均方	F	显著性
Q42	组间	22.019	5	4.404	1.610	0.160
	组内	462.175	169	2.735		
	总数	484.194	174			
Q43	组间	26.265	5	5.253	1.704	0.136
	组内	521.073	169	3.083		
	总数	547.337	174			
Q45	组间	30.892	5	6.178	1.962	0.087
	组内	532.285	169	3.150		
	总数	563.177	174			
Q46	组间	12.588	5	2.518	0.813	0.542
	组内	523.149	169	3.096		
	总数	535.737	174			
Q47	组间	40.572	5	8.114	2.666	0.024
	组内	514.285	169	3.043		
	总数	554.857	174			
Q48	组间	20.311	5	4.062	1.309	0.263
	组内	524.546	169	3.104		
	总数	544.857	174			
Q49	组间	55.506	5	11.101	3.766	0.003
	组内	498.209	169	2.948		
	总数	553.714	174			
Q491	组间	19.732	5	3.946	1.385	0.232
	组内	481.617	169	2.850		
	总数	501.349	174			

续　表

		平方和	df	均方	F	显著性
Q492	组间	40.844	5	8.169	2.263	0.050
	组内	610.036	169	3.610		
	总数	650.880	174			

（五）行业竞争强度与专用性投资、关系质量和机会主义行为关系分析

表 5.14 中的数据显示，行业竞争强度对专用性投资各题项影响不显著，表明行业竞争强度不是制造商进行专用性投资决策的重要因素。

表 5.14　行业竞争强度与专用性投资单因素方差分析

		平方和	df	均方	F	显著性
Q11	组间	5.870	5	1.174	0.402	0.847
	组内	494.130	169	2.924		
	总数	500.000	174			
Q13	组间	11.120	5	2.224	1.093	0.366
	组内	343.818	169	2.034		
	总数	354.937	174			
Q14	组间	18.531	5	3.706	1.883	0.100
	组内	332.703	169	1.969		
	总数	351.234	174			
Q15	组间	16.032	5	3.206	1.187	0.317
	组内	456.345	169	2.700		
	总数	472.377	174			
Q16	组间	5.209	5	1.042	0.354	0.879
	组内	497.785	169	2.945		
	总数	502.994	174			

从表 5.15 中的数据可知，Q51、Q53、Q54、Q56、Q59、Q593、Q594 和 Q597 题项表明行业竞争强度对关系质量有显著性差异，进一步分析发现，有显著性差异的题项涵盖了关系质量的各个层面，如满意、承诺、信任、长期发展的意愿等。

表 5.15 行业竞争强度与关系质量单因素方差分析

		平方和	df	均方	F	显著性
Q51	组间	14.346	5	2.869	0.972	0.037
	组内	499.083	169	2.953		
	总数	513.429	174			
Q53	组间	20.047	5	4.009	2.527	0.031
	组内	268.090	169	1.586		
	总数	288.137	174			
Q54	组间	9.922	5	1.984	1.182	0.020
	组内	283.712	169	1.679		
	总数	293.634	174			
Q55	组间	5.977	5	1.195	0.528	0.755
	组内	382.858	169	2.265		
	总数	388.834	174			
Q56	组间	12.892	5	2.578	1.058	0.006
	组内	411.828	169	2.437		
	总数	424.720	174			
Q58	组间	4.396	5	0.879	0.492	0.782
	组内	301.753	169	1.786		
	总数	306.149	174			
Q59	组间	19.256	5	3.851	2.619	0.026
	组内	248.538	169	1.471		
	总数	267.794	174			

		平方和	df	均方	F	显著性
Q592	组间	9.721	5	1.944	0.820	0.537
	组内	400.816	169	2.372		
	总数	410.537	174			
Q593	组间	5.644	5	1.129	0.772	0.001
	组内	247.065	169	1.462		
	总数	252.709	174			
Q594	组间	1.903	5	0.381	0.183	0.009
	组内	351.891	169	2.082		
	总数	353.794	174			
Q596	组间	18.617	5	3.723	1.334	0.252
	组内	471.532	169	2.790		
	总数	490.149	174			
Q597	组间	7.332	5	1.466	0.441	0.000
	组内	562.177	169	3.326		
	总数	569.509	174			
Q598	组间	9.685	5	1.937	0.906	0.478
	组内	361.172	169	2.137		
	总数	370.857	174			

　　从表5.16中的数据可知，Q41、Q47、Q49、Q492题项表明行业竞争强度对机会主义行为有显著性差异，进一步分析发现，有显著性差异的题项主要是机会主义行为的信息隐瞒、消极对待、权益侵占和品牌使用。

表 5.16　行业竞争强度与机会主义行为单因素方差分析

		平方和	df	均方	F	显著性
Q41	组间	31.030	5	6.206	1.892	0.008
	组内	554.204	169	3.279		
	总数	585.234	174			
Q42	组间	22.019	5	4.404	1.610	0.160
	组内	462.175	169	2.735		
	总数	484.194	174			
Q43	组间	26.265	5	5.253	1.704	0.136
	组内	521.073	169	3.083		
	总数	547.337	174			
Q45	组间	30.892	5	6.178	1.962	0.087
	组内	532.285	169	3.150		
	总数	563.177	174			
Q46	组间	12.588	5	2.518	0.813	0.542
	组内	523.149	169	3.096		
	总数	535.737	174			
Q47	组间	40.572	5	8.114	2.666	0.024
	组内	514.285	169	3.043		
	总数	554.857	174			
Q48	组间	20.311	5	4.062	1.309	0.263
	组内	524.546	169	3.104		
	总数	544.857	174			
Q49	组间	55.506	5	11.101	3.766	0.003
	组内	498.209	169	2.948		
	总数	553.714	174			

		平方和	df	均方	F	显著性
	组间	19.732	5	3.946	1.385	0.232
Q491	组内	481.617	169	2.850		
	总数	501.349	174			
	组间	40.844	5	8.169	2.263	0.050
Q492	组内	610.036	169	3.610		
	总数	650.880	174			

三、小结

通过对企业属性变量与主要研究变量关系进行分析可知,对主要研究变量有显著差异的企业属性变量是企业人员规模、企业存续时间和行业竞争强度,而客户重要程度和企业性质对主要研究变量没有显著性差异,但对研究变量的部分维度有影响。为保证统计效果的准确性,我们把企业属性变量全部作为控制变量。

第二节　研 究 结 果

一、专用性投资、专用性投资不对等和关系质量的关系

专用性投资和关系质量存在着相关关系和因果关系,其中投资不对等与专用性投资有可能存在交互效应,同时影响着双方的关系质量,我们通过把专用性投资不对等作为调节变量,以分析专用性投资和关系质量的作用机制。调节效应是交互效应的一种,是有因果指向的交互效应,而单纯的交互效应可以互为因果关系;调节变量一般不受自变量和因变量影响,但是可以影响自变量和因变量;在统计回归分析的方式,检验变量的调节效应意味着检验调节变量和自变量的交互效应是否显著。

本节的主要内容是检验专用性投资与关系质量的直接效应以及专用性投资不对等在专用性投资与关系质量间的调节效应。专用性投资分为有形专用性投资和无形专用性投资,我们认为不同类型的专用性投资对关系质量的影响是不

一样的。专用性投资不对等作为一个竞争的因素将会影响原有的合作,这种合作的变化首先通过关系质量来体现(见图 5.1)。

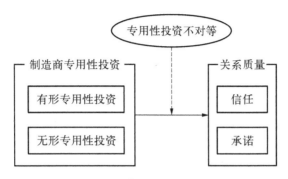

图 5.1　专用性投资不对等调节效应模型 Ⅰ

我们把专用性投资不对等作为调节变量,研究专用性投资与关系质量的关系,就是验证专用性投资和专用性投资不对等的交互效应是否显著,这一检验调节效应的方程如下:

$$y = a + bx + cm + e \tag{5.1}$$

$$y = a + bx + cm + c'mx + e \tag{5.2}$$

其中 x 代表专用性投资,m 代表专用性投资不对等,mx 代表专用性投资与专用性投资不对等的交互效应。

在上述方程中,m 为调节变量,即专用性投资不对等;mx 为调节效应,即专用性投资与专用性投资不对等的交互效应。调节效应是否显著即是分析"c'"是否显著(达到统计学意义上的临界比率 0.05 水平)。

在检验调节效应之前,首先采用相关分析对主要变量进行相关性分析,其次采用复回归分析来检验专用性投资对关系质量的影响;最后采用层级回归分析专用性投资不对等的调节效应。本章第一节中的数据表明,企业人员规模、存续时间、客户重要程度、企业性质、行业竞争强度等变量对关系质量也有显著影响,因此在进行模型检验时,我们将上述企业属性变量作为控制变量。

根据 Baron & Kenny(1986)提供的调节变量检验程序,第一步,将自变量和调节变量做中心化处理;第二步,分别做因变量对自变量和调节变量的回归,得测定系数 R_1^2;第三步,做因变量对自变量、调节变量、自变量×调节变量的回归,得测定系数 R_2^2;第四步,调节效应判断,如果 R_2^2 显著高于 R_1^2,则调节效应显著,或者做自变量×调节变量的回归系数,若显著,则调节效应显著,调节变量表现出的最本质的特征就是和其他一些变量的交互作用。但在不同的情况下,调节变量的作用以及它与其他变量的关系不尽相同,因而调节变量有不同类型。Sharma 等人(1981)根据调节变量是否与预测变量有交互作用,将调节变量分为两种基本类型:第一种类型的调节变量与预测变量没有交互作用,但影响一个模型中预测变量与因变量之间关系的强度;第二种类型的调节变量与预测变量有交互作用,它影响预测变量与因变量之间关系的形态或方向。根据调节变量与因变量和(或)预测变量的相关关系,第二种类型的调节变量又分为纯调节变量(puremoderator)和半调节变量(quasimoderator)。根据以上分类标准,按一个变量是否是调节变量、是哪种调节变量将其划分为不同的类型:① 变量与预测变量无交互效应,与因变量和预测变量有相关关系,变量不是调节变量,属于干涉、外生、前提、压制等预测变量;② 变量与预测变量无交互效应,且与因变量和预测变量不相关,则变量属于同质调节变量;③ 变量与预测变量有交互作用,与因变量和(或)预测变量相关,则属于半调节变量;④ 变量与预测变量有交互作用,且与因变量和预测变量不相关,则属于纯调节变量。

　　首先检验各主要变量之间的相关性,检验结果见表 5.17。

表 5.17　各主要变量的均值(M)、标准差(S.D)和相关系数(r)表

变　量	M	S.D	st1	st2	gxzl	stne
st1	4.680 4	1.318 1	1	0.547**	0.624**	0.169
st2	5.051 3	1.549 8	0.547**	1	0.455**	0.210
gxzl	5.052 7	1.088 9	0.624**	0.455**	1	0.211
stne	4.824 2	0.940 6	0.169	0.210	0.211	1

　　分析结果显示,有形专用性投资(st1)与关系质量(gxzl)呈显著正相关($r=0.624,p<0.01$),无形专用性投资(st2)和关系质量呈显著正相关($r=0.455,p<0.01$),专用性投资不对等(stne)与关系质量不存在显著相关关系($r=0.211$)。且有形专用性投资和有形专用性投资与专用性投资不对等也不存在显著性相关关系($r_1=0.169,r_2=0.210$),说明专用性投资不对等作为调节变量是可行的。同时专用性投资与专用性投资不对等又存在着交互效应,可知专用性投资不对等作为调节变量是起纯调节变量作用的。假设 H1、假设 H2、假设 H3 得到验证。

(一) 公司属性变量与关系质量的关系

公司人数、存续时间、客户重要程度、企业性质、行业竞争强度等公司属性变量对关系质量是有一定影响的,故在研究专用性关系投资、专用性投资不对等和关系质量的影响时需要把这些属性变量作为控制变量,以考察自变量与因变量之间的真正关系(见表5.18)。

表 5.18 属性变量与关系变量回归分析

变 量		标准化系数 β	标准误差	t	Sig.	容差	VIF
控制变量	公司人数	0.327***	0.041	4.566	0.000	0.621	1.610
	存续时间	−0.183***	0.069	−2.584	0.010	0.632	1.582
	客户重要度	0.141**	0.054	2.468	0.014	0.972	1.029
	企业性质	0.234***	0.056	3.863	0.000	0.865	1.157
	行业竞争强度	0.233***	0.066	4.019	0.000	0.946	1.058
R^2		0.151***					
调整的 R^2		0.135***					
F 值		9.465***					
F 显著性		0.000***					

注: * 代表 $p < 0.05$,** 代表 $p < 0.01$,*** 代表 $p < 0.001$;因变量为关系质量(GXZL)。

(二) 专用性投资、专用性投资不对等与关系质量的关系

我们把专用性投资作为自变量、专用性投资不对等作为调节变量、关系质量作为因变量,结果表明,F 值为 31.066,$p < 0.001$,具有显著性(见表 5.19)。

表 5.19 专用性投资不对等调节效应分析

变 量		标准化系数 β	标准误差	t	Sig.	容差	VIF
控制变量	公司人数	0.147**	0.033	2.536	0.012	0.578	1.730
	存续时间	−0.047	0.056	−0.814	0.417	0.576	1.737

续　表

变　量		标准化系数 β	标准误差	t	Sig.	容差	VIF
控制变量	客户重要度	0.068	0.044	1.486	0.138	0.920	1.087
	企业性质	0.222***	0.044	4.640	0.000	0.851	1.174
	行业竞争强度	0.168***	0.053	3.584	0.000	0.891	1.123
自变量	有形专用性投资	0.512***	0.045	9.465	0.000	0.666	1.502
	无形专用性投资	0.100*	0.039	2.122	0.040	0.644	1.553
调节变量	专用性投资不对等	0.104*	0.055	2.196	0.029	0.873	1.145
R^2		0.485***					
调整的 R^2		0.465***					
F 值		31.066***					
F 显著性		0.000***					

注：* 代表 $p<0.05$，** 代表 $p<0.01$，*** 代表 $p<0.001$；因变量为关系质量（GXZL）。

（三）专用性投资与专用性投资不对等交互项和关系质量的关系

我们把有形专用性投资和无形专用性投资与专用性投资不对等变量进行中心化并相乘，得到两者的交互项，分析交互项与关系质量的关系（见表5.20）。结果发现，有形专用性投资×专用性投资不对等、无形专用性投资×专用性投资不对等与关系质量具有显著的正相关关系，其中有形专用性投资×专用性投资不对等的 β 值为 0.015（$p<0.001$），无形专用性投资×专用性投资不对等的 β 值为 -0.035（$p<0.01$），假设 H6、假设 H7 得到验证。

表 5.20　专用性投资不对等交互效应分析

变　量		标准化系数 β	标准误差	t	Sig.	容差	VIF
控制变量	公司人数	0.085*	0.033	2.552	0.011	0.571	1.753
	存续时间	-0.051	0.057	-0.896	0.371	0.563	1.778

变　　量		标准化系数 β	标准误差	t	Sig.	容差	VIF
控制变量	客户重要度	0.062	0.044	1.426	0.155	0.916	1.092
	企业性质	0.198***	0.046	4.319	0.000	0.795	1.258
	行业竞争强度	0.195***	0.053	3.650	0.000	0.878	1.139
自变量	有形专用性投资	0.425***	0.045	9.460	0.000	0.664	1.506
	无形专用性投资	0.070***	0.039	1.783	0.076	0.637	1.571
调节变量	专用性投资不对等	0.124**	0.055	2.250	0.025	0.860	1.163
交互项	有形专用性投资×专用性投资不对等	0.015***	0.046	5.323	0.000	0.655	1.526
	无形专用性投资×专用性投资不对等	−0.035**	0.043	−3.829	0.010	0.656	1.525
R^2		0.489***					
调整的 R^2		0.468***					
F 值		37.318***					
F 显著性		0.000***					

注：* 代表 $p < 0.05$，** 代表 $p < 0.01$，*** 代表 $p < 0.001$；因变量为关系质量（GXZL）。

（四）专用性投资不对等调节效应的检验

我们采用层级回归分析方法进行交互效应检验，根据调节变量检验的原理：在模型 M1 中，我们主要把控制变量公司人数、存续时间、客户重要度、企业性质、行业竞争强度等变量放入；在模型 M2 中，把自变量专用性投资和专用性投资不对等放入；在模型 M3 中，把专用性投资与专用性投资不对等的交互项放入进行层级回归分析，通过回归模型中的 F 值和回归系数来检验冲突管理的预测效应。对以上三个模型进行汇总可知，专用性投资不对等作为调节变量是有效的，交互项对关系质量的影响是显著的，见表 5.21，假设 H6、假设 H7 得到验证。

表 5.21 专用性投资不对等整体调节效应分析

变 量		M1	M2	M3
控制变量	公司人数	0.327***	0.147**	0.085*
	存续时间	−0.183***	−0.047	−0.051
	客户重要度	0.141**	0.068	0.062
	企业性质	0.234***	0.222***	0.198***
	行业竞争强度	0.233***	0.168***	0.195***
自变量	有形专用性投资		0.512***	0.425***
	无形专用性投资		0.100*	0.070***
调节变量	专用性投资不对等		0.104*	0.124**
交互项	有形专用性投资×专用性投资不对等			0.015***
	无形专用性投资×专用性投资不对等			−0.035**
	R^2	0.151	0.485	0.489
	调整的 R^2	0.135	0.465	0.468
	F 值	9.465***	31.066***	37.318***
	F 显著性	0.000***	0.000***	0.000***

注：* 代表 $p<0.05$，** 代表 $p<0.01$，*** 代表 $p<0.001$；因变量为关系质量（GXZL）。

二、专用性投资、专用性投资不对等和机会主义行为的关系

专用性投资和机会主义行为存在着相关关系和因果关系，其中专用性投资不对等与专用性投资有可能存在交互效应，同时影响着双方的机会主义行为，我们把专用性投资不对等作为调节变量，以分析专用性投资和机会主义行为的作用机制。调节效应是交互效应的一种，是有因果指向的交互效应，而单纯的交互效应可以互为因果关系；调节变量一般不受自变量和因变量影响，但是可以影响自变量和因变量；在统计回归分析的方式中，检验变量的调节效应意味着检验调

节变量和自变量的交互效应是否显著。

　　本节的主要内容是检验专用性投资与机会主义行为的直接效应以及专用性投资不对等对专用性投资与机会主义行为的调节效应。专用性投资分为有形专用性投资和无形专用性投资,我们认为不同类型的专用性投资对机会主义行为的影响是不一样的(见图 5.2)。

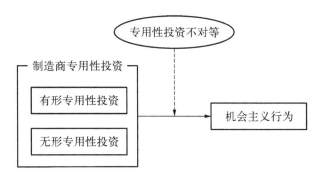

图 5.2　专用性投资不对等调节效应模型Ⅱ

　　我们把专用性投资不对等作为调节变量,研究专用性投资与机会主义行为(opp)的关系,就是验证专用性投资和专用性投资不对等的交互效应是否显著,这一检验调节效应的方程如下:

$$y = a + bx + cm + e \tag{5.3}$$

$$y = a + bx + cm + c'mx + e \tag{5.4}$$

其中 x 代表专用性投资,m 代表专用性投资不对等,mx 代表专用性投资与专用性投资不对等的交互效应。

　　在上述方程中,m 为调节变量,即专用性投资不对等;mx 为调节效应,即专用性投资与专用性投资不对等的交互效应。分析调节效应是否显著即为分析"c'"是否显著(达到统计学意义上的临界比率 0.05 水平)。

　　在检验调节效应之前,首先采用相关分析法对主要变量间的相关性进行分析;其次采用复回归分析法来检验专用性投资对机会主义行为的影响;最后采用层级回归分析法来检验专用性投资不对等的调节效应。上节中的数据表明,企业人员规模、存续时间、客户重要程度、企业性质、行业竞争强度等变量对机会主义行为也有显著影响,因此在进行模型检验时,我们将上述企业属性变量作为控制变量。检验程序依然采取 Baron & Kenny(1986)提供的调节变量检验程序。

首先检验各主要变量之间的相关性,检验结果见表 5.22。

表 5.22　各主要变量的均值(M)、标准差($S.D$)和相关系数(r)表

变　量	M	S.D	st1	st2	opp	stne
st1	4.680 4	1.318 1	1	0.547**	0.129*	0.169
st2	5.051 3	1.549 8	0.547**	1	0.061	0.210
opp	5.167 0	2.188 7	0.129*	0.061	1	0.164*
stne	4.824 2	0.940 6	0.169	0.210	0.164*	1

分析结果显示,有形专用性投资与机会主义行为呈显著正相关($r=0.129$,$p<0.05$),无形专用性投资和机会主义行为无显著相关关系($r=0.061$),假设 H4 得到验证,假设 H5 没有得到支持。专用性投资不对等与机会主义行为存在显著相关关系($r=0.164$,$p<0.05$)。且有形专用性投资和无形专用性投资与专用性投资不对等不存在显著性相关关系($r_1=0.169$,$r_2=0.210$),说明专用性投资不对等作为调节变量在理论上是可行的。

在相关性分析的基础上,我们将专用性投资不对等作为调节变量进行检验。我们采用层级回归分析法进行交互效应检验,根据调节变量检验的原理:在模型 M1 中,我们主要放入控制变量,即公司人数、存续时间、客户重要度、企业性质、行业竞争强度等变量;在模型 M2 中放入自变量,即专用性投资和专用性投资不对等;在模型 M3 中,把专用性投资与专用性投资不对等的交互项放入,进行层级回归分析,通过回归模型中的 F 值和回归系数来检验冲突管理的预测效应,对以上三个模型进行汇总可知,专用性投资中的有形专用性投资在有调节变量的情况下对机会主义行为的影响是显著的;无形专用性投资对机会主义行为的影响是不显著的,说明专用性投资不对等作为调节变量是成立的,但是专用性投资与专用性投资不对等的交互项不显著,说明专用性投资不对等在专用性投资和机会主义行为之间主要起到半调节变量的作用。结合专用性投资的类型发现,无形专用性投资对机会主义行为没有显著影响,可知,专用性投资不对等主要是在有形专用性投资和机会主义行为之间起到半调节变量效应,详见表 5.23,假设 H8 得到验证,假设 H9 没有得到支持。

表 5.23　专用性投资不对等整体调节效应分析

变　　量		M1	M2	M3
控制变量	公司人数	−0.134	−0.187	−0.171
	存续时间	0.195	0.207	0.238
	客户重要度	0.157	0.130	0.128
	企业性质	−0.356**	−0.372**	−0.327**
	行业竞争强度	−0.177	−0.168	−0.168
自变量	有形专用性投资		0.237*	0.244*
	无形专用性投资		−0.031	−0.050
调节变量	专用性投资不对等		0.333*	0.354*
交互项	有形专用性投资×专用性投资不对等			0.206
	无形专用性投资×专用性投资不对等			−0.022
	R^2	0.054	0.096	0.109
	调整的 R^2	0.037	0.069	0.075
	F 值	3.076*	3.516**	3.192**
	F 显著性	0.01*	0.001**	0.001**

注：* 代表 $p < 0.05$，** 代表 $p < 0.01$，*** 代表 $p < 0.001$；因变量为关系质量(GXZL)。

三、专用性投资、关系质量和机会主义行为的关系

根据前期的研究和论述，我们假设专用性投资、关系质量和机会主义行为之间存在着相关关系，且专用性投资是通过关系质量这一变量影响机会主义行为的。关系质量作为中介变量既是专用性投资的结果变量，同时又是机会主义行为的自变量。基于关系质量为中介变量的专用性投资与机会主义行为因果关系的模型设计如图 5.3 所示。

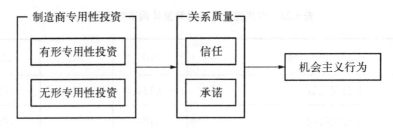

图 5.3　关系质量的中介效应模型

根据 Baron & Kenny(1986)、温忠麟(2004)提供的层级回归法检验中介效应的程序,具体包括以下步骤:

第一步:做中介变量对自变量的回归,自变量的回归系数应该显著。

第二步:做因变量对中介变量的回归,中介变量的回归系数应该显著。

第三步:做因变量对自变量的回归,自变量的回归系数应该显著。

第四步:做因变量对自变量和中介变量的回归,中介变量的回归系数应该显著。

在中介变量系数显著的前提下,看自变量的回归系数:如果自变量系数不显著,则存在完全中介作用;如果自变量系数仍然显著但比第三步中的回归系数有所降低,则表明存在部分中介作用。

(一) 各变量相关性分析

首先对专用性投资、关系质量和机会主义行为等变量之间做相关性分析,见表 5.24 和表 5.25。通过相关性分析可知,专用性投资、关系质量和机会主义行为存在显著相关关系,关系质量具有作为中介变量的前提条件,假设 H10 得到验证。

表 5.24　各变量均值(M)、标准差(S.D)和相关系数(r)表

变量	M	S.D	st2	gxzl	opp	st1
st2	5.051 3	1.549 8	1	0.455**	0.061	0.547**
gxzl	5.052 7	1.088 9	0.455**	1	−0.042**	0.624**
opp	5.167 0	2.188 7	0.061	−0.042**	1	0.129*
st1	4.480 4	1.318 8	0.547**	0.624**	0.129*	1

注: ** 代表在 0.01 水平(双侧)上显著相关;* 代表在 0.05 水平(双侧)上显著相关。

表 5.25　关系质量中介效应分析

模　型	M1		M2		M3		M4	
因变量	关系质量		机会主义行为		机会主义行为		机会主义行为	
	β	t	β	t	β	t	β	t
控制变量 公司人数	0.085**	2.557	−0.184	−2.084	−0.140	−2.084	−0.160	−1.801
存续时间	−0.021	−0.375	0.276**	1.863	0.201	1.863	0.271	1.830
客户重要度	0.064	1.464	0.129	1.104	0.152	1.104	0.147	1.257
企业性质	0.212***	4.765	−0.354*	−2.986	−0.364	−2.986	−0.295*	−2.396
行业竞争强度	0.167***	3.197	−0.230	−1.651	−0.186	−1.651	−0.184	−1.296
自变量 有形专用性投资	0.434***	9.682			0.266*	2.228	0.387**	2.796
无形专用性投资	0.082**	2.138			0.003	0.025	0.026	0.248
中介变量 关系质量			−0.340***				−0.279**	−3.710
F 值	9.321***		10.612*		16.220**		19.976**	
F 显著性	0.000		0.020		0.001		0.002	
R^2	0.242		0.245		0.354		0.371	
ΔR^2			0.003		0.009		0.017	
ΔF	9.572***		14.586*		17.128**		49.132**	

注：* 代表 $p<0.05$，** 代表 $p<0.01$，*** 代表 $p<0.001$。

（二）关系质量中介效应的检验

采用 Baron & Kenny(1986)提供的层级回归法检验专用性投资、关系质量和机会主义行为之间的关系(见表 5.25)。

模型 M1 表示中介变量关系质量对自变量和控制变量的回归，F 值为 9.321，显著性概率为 0.000，通过 F 检验，R^2 为 0.242，表明预测变量解释了方差的 24.2%，有形专用性投资($\beta=0.434$，$p=0.000$)和无形专用性投资($\beta=0.082$，$p=0.008$)与关系质量均存在显著影响。模型 M1 的研究结果表明，有形专用性投资和无形专用性投资对关系质量具有正向影响，制造商通过有形专用性投资可以提升与中间商关系质量的水平,通过无形专用性投资也能提升与中间商关系质量的水平,但是通过比较可知,有形专用性投资对中间商关系质量的提升相对于无形专用性投资效果会更好。

关系质量＝0.434×有形专用性投资＋0.082×无形专用性投资＋ε

其中:关系质量为因变量(dependent variable);有形专用性资产、无形专用性资产为自变量(independent variable);ε为误差项(errorterm),误差项代表了模型中未能解释的部分。

模型 M2 表示机会主义行为对关系质量和控制变量的回归,F 值为 10.612,显著性概率为 0.020,通过 F 检验,R^2 为 0.245,表明预测变量解释了方差的24.5%。模型 M2 表明关系质量与机会主义行为之间存在着显著负相关关系。关系质量与机会主义行为的相关参数为($\beta=-0.340$,$p=0.000$),制造商与中间商的关系质量水平越高,中间商发生机会主义行为的可能性就越低。相关回归方程为

机会主义行为＝-0.340×关系质量＋ε

其中:机会主义行为是因变量(dependent variable);关系质量为自变量(independent variable);ε为误差项(errorterm),误差项代表了模型中未能解释的部分。

模型 M3 表示专用性投资与机会主义行为和控制变量的回归,F 值为16.220,显著性概率为 0.001,通过 F 检验,R^2 为 0.354,表明预测变量解释了方差的 35.4%。模型 M3 表明有形专用性投资和无形专用性投资都与机会主义行为存在密切关系。机会主义行为与有形专用性投资和无形专用性投资的相关参数分别为($\beta=0.266$,$p=0.007$)和($\beta=0.003$,$p=0.051$)。有形专用性投资与机会主义行为的显著性非常强,无形专用性投资对机会主义行为的显著性较弱,如果排除无形专用性投资中业务流程和人员培训的因素,制造商与中间商感情的投入基本对机会主义行为的发生没有影响。相关回归方程为

机会主义行为＝0.266×有形专用性投资＋0.003×无形专用性投资＋ε

其中:机会主义行为是因变量(dependent variable);有形专用性投资、无形专用性投资为自变量(independent variable);ε为误差项(errorterm),误差项代表了模型中未能解释的部分。

模型 M4 表示机会主义行为对专用性投资、关系质量和控制变量的回归,F值为 19.976,显著性概率为 0.002,通过 F 检验,R^2 为 0.371,表明预测变量解释了方差的 37.1%。模型 M4 表明机会主义行为在关系质量作为中介变量的条件

下，对自变量专用性投资的影响也是显著的。机会主义行为对专用性投资、关系质量的标准化的回归方程为

$$机会主义行为 = 0.387 \times 有形专用性投资 + 0.026 \times 无形专用性投资 -$$
$$0.279 \times 关系质量 + \varepsilon$$

其中：机会主义行为是因变量（dependent variable）；有形专用性投资、无形专用性投资为自变量（independent variable）；ε 为误差项（errorterm），误差项代表了模型中未能解释的部分。

进一步分析机会主义行为与有形专用性投资、无形专用性投资和关系质量的相关参数分别为（$\beta = 0.387$，$p = 0.009$）、（$\beta = 0.026$，$p = 0.03$）和（$\beta = -0.279$，$p = 0.01$）。根据判断中间变量是完全中介和部分中介作用的标准，如果机会主义行为与关系质量和自变量的系数都显著，可以断定关系质量的中介作用是部分中介作用，假设 H11 得到验证，假设 H12 没有得到支持。

以上验证结果说明，关系质量在专用性投资和机会主义行为之间的关系中存在显著性影响，这种效应属于中介效应。在影响机制上讲，制造商无论是进行有形专用性投资还是无形专用性投资都会对双方的关系质量产生积极影响，会增加双方的密切程度，尤其是有形专用性投资更能增加中间商的信任，促进做出承诺的可能性。关系质量的高低将会降低中间商发生机会主义行为的可能性，专用性投资带来机会主义行为是通过关系质量这一变量实现的，但是关系质量在双方关系中起到部分的中介作用，还存在其他的影响因素。

（三）结构方程分析

Baron & Kenny（1986）的依次检验方法在 20 世纪 90 年代流行，2004 年左右，国内的心理学报发表了几篇 Baron & Kenny（1986）的文章，介绍了依次检验方法，在当时也产生了积极的影响。但是由于该方法自身的局限，也受到了很多批评。因此本书同时采用目前普遍认为比较好的结构方程的 Bootstrap 程序，也是现在中介效应检验的主流方法。本节主要采用结构方程（SEM）的方法进一步验证关系质量的中介效应。通过对专用性投资和关系质量、机会主义行为各变量的关系，分析得出如下结果，见表 5.26。对照各统计指标参考值，根据陈晓萍、徐淑英（2008）对契合指数的研究，当 RMSEA 值小于 0.05 时，代表假设模型拟合程度好；在 0.05 与 0.08 之间时，代表拟合程度可以接受；在 0.08 与 0.10 之间时，代表拟合程度一般；超过 0.10 时，则认为模型和数据的拟合度较差。本研究的 RMSEA 值为 0.062，可知该模型的拟合度较好，结果具有参考价值。

表 5.26　中介效应检验结构方程模型估计结果

路　　　径	路径系数	t 值	拟合指标	数值	参考值
有形专用性投资→信任	0.27***	5.03	χ^2/df	2.016	<3
无形专用性投资→信任	0.24***	3.77	GFI	0.916	>0.90
有形专用性投资→承诺	0.09	1.65	CFI	0.932	>0.90
无形专用性投资→承诺	0.22***	4.71	IFI	0.901	>0.90
有形专用性投资→机会主义行为	−0.26***	−4.47	TLI	0.917	>0.90
无形专用性投资→机会主义行为	−0.06	−1.06	RMSEA	0.062	<0.05
信任→机会主义行为	−0.21***	−4.12	RMR	0.043	<0.05
承诺→机会主义行为	−0.07	−1.32	P	0.000	<0.05

由表 5.26 可知,有形专用性投资对信任的影响显著,有形专用性投资对机会主义行为的影响显著,有形专用性投资对机会主义行为的影响显著,无形专用性投资对信任的影响显著,信任对机会主义行为的影响显著,无形专用性投资对承诺的影响显著,无形专用性投资对机会主义行为的影响不显著,承诺对机会主义行为的影响不显著。

四、专用性投资、专用性投资不对等、关系质量对机会主义行为的联合效应分析

专用性投资受专用性投资不对等变量的调节作用,将影响关系质量的程度和走向,关系质量作为专用性投资和机会主义行为的中介变量,对机会主义发生的概率有显著性影响,从逻辑结构上构成了一个有调节变量的中介效应的模型,见图 5.4。根据温忠麟等(2006)介绍的采用层级回归法检验有调节的中介效应的程序,将对有调节的中介变量进行统计分析,整个检验过程的顺序遵循先检验中介效应再检验调节效应。具体步骤如下。

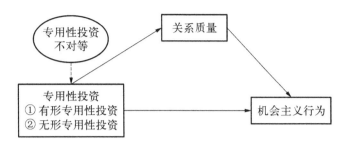

图 5.4　联合效应分析图

步骤一：做机会主义行为对专用性投资和专用性投资不对等的回归，专用性投资的系数显著。

步骤二：做关系质量对专用性投资和专用性投资不对等的回归，专用性投资的系数显著。

步骤三：做机会主义行为对专用性投资、专用性投资不对等、关系质量的回归，关系质量的系数显著。

步骤四：做机会主义行为对专用性投资、专用性投资不对等、关系质量、专用性投资不对等与关系质量乘积的回归，专用性投资不对等与关系质量乘积的系数显著。

（一）各变量相关性分析

各主要变量之间的均值、标准差和相关系数见表 5.27。从相关性分析结果可知，除无形专用性投资与机会主义行为相关性不显著外，其他各变量之间均存在显著的相关关系，这为我们进一步分析提供了前提条件。

表 5.27　各变量相关性分析表

变量	M	S.D	st1	st2	gxzl	stne	opp
st1	4.680 4	1.318 08	1	0.547**	0.624**	0.169**	0.129**
st2	5.051 3	1.549 77	0.547**	1	0.455**	0.210**	0.061
gxzl	5.052 7	1.088 90	0.624**	0.455**	1	0.211**	−0.242**
Stne	4.824 2	0.940 65	0.169**	0.210**	0.211**	1	0.164**
opp	5.167 0	2.188 66	0.129**	0.061	−0.242**	0.164**	1

注：* 代表 $p<0.05$，** 代表 $p<0.01$，*** 代表 $p<0.001$。

(二)层级回归分析

根据上述步骤,对模型 M1 做机会主义行为对专用性投资和专用性投资不对等的回归,同时加入控制变量,如表 5.28 所示。回归结果显示,专用性投资对机会主义行为的影响在专用性投资不对等作为调节变量的条件下是显著的。F 值为 17.321,F 值显著性概率为 0.000,R^2 为 0.242。其中有形专用性投资和无形专用性投资相关参数分别为$(\beta=0.237^{**}$,$p=0.007)$和$(\beta=-0.031^{*}$,$p=0.02)$,专用性投资不对等作为调节变量的影响也非常显著,相关参数为$(\beta=0.333^{**}$,$p=0.003)$。

对模型 M2 做关系质量对专用性投资和专用性投资不对等的回归,同时加入控制变量,回归结果显示,F 值为 17.061,F 值显著性概率为 0.020,具有显著性,R^2 为 0.263。说明专用性投资与关系质量之间存在显著正相关,有形专用性投资和无形专用性投资的相关参数分别为$(\beta=0.425^{***}$,$p=0.000)$和$(\beta=0.070^{**}$,$p=0.01)$,有形专用性投资对关系质量的影响更为显著,无形专用性投资也有显著影响。

对模型 M3 做机会主义行为对专用性投资、专用性投资不对等、关系质量的回归,回归结果显示,关系质量作为中介变量在机会主义行为和专用性投资的关系的影响中是显著的。F 值为 16.220,F 值显著性概率为 0.003,R^2 为 0.271。其中有形专用性投资和无形专用性投资相关参数分别为$(\beta=0.379^{***}$,$p=0.000)$和$(\beta=-0.007$,$p=0.06)$,关系质量对机会主义行为的相关参数为$(\beta=-0.334^{**}$,$p=0.000)$专用性投资不对等作为调节变量的影响也非常显著,相关参数为$(\beta=0.373^{**}$,$p=0.003)$。

对模型 M4 做机会主义行为对专用性投资、专用性投资不对等、关系质量、专用性投资不对等与关系质量乘积的回归。回归结果显示,F 值为 19.976,F 值显著性概率为 0.001,R^2 为 0.297。其中有形专用性投资和无形专用性投资相关参数分别为$(\beta=0.400^{**}$,$p=0.004)$和$(\beta=-0.009$,$p=0.06)$,关系质量对机会主义行为的相关参数为$(\beta=-1.821^{***}$,$p=0.001)$。专用性投资不对等作为调节变量的影响也非常显著,相关参数为$(\beta=-1.169^{*}$,$p=0.03)$,专用性投资不对等与关系质量乘积的系数为$(\beta=0.303^{*}$,$p=0.02)$,回归效果显著。

综合上述分析,有调节的中介效应检验程序的四个步骤均得以通过,说明专用性投资不对等在专用性投资和关系质量中起调节作用,关系质量在专用性投资与机会主义行为之间起到部分中介作用,同时也表明,关系质量在起到部分中介作用时受专用性投资不对等的影响,对机会主义行为起到反向调节的作用,假设 H13 得到验证,假设 H14 没有得到支持。

表 5.28　专用性投资、专用性投资不对等、关系质量和
机会主义行为的层级回归分析

模　型		M1		M2		M3		M4	
因变量		机会主义行为		关系质量		机会主义行为		机会主义行为	
		β	t	β	t	β	t	β	t
控制变量	公司人数	-0.187^{*}	-2.141	0.085^{*}	2.552	-0.160^{*}	-2.212	-0.128	-1.448
	存续时间	0.207	1.377	-0.051	-0.896	0.192	1.281	0.216	1.453
	客户重要度	0.130	1.125	0.062	1.426	0.152	1.314	0.145	1.265
	企业性质	-0.372^{**}	-3.157	0.198^{***}	4.319	-0.303^{**}	-2.490	-0.243^{*}	-2.018
	行业竞争强度	-0.168	-1.191	0.195^{***}	3.650	-0.104	-0.727	-0.092	-0.643
自变量	有形专用性投资	0.237^{**}	2.992	0.425^{***}	9.460	0.379^{***}	5.765	0.400^{**}	3.037
	无形专用性投资	-0.031^{*}	-2.298	0.070^{**}	2.783	-0.007	-0.069	-0.009	-0.091
中介变量	关系质量					-0.334^{**}	-2.954	-1.821^{***}	-3.734
调节变量	专用性投资不对等	0.333^{**}	3.078	0.124^{**}	2.250	0.373^{**}	2.553	-1.169^{*}	-2.105
交互项	专用性投资不对等×关系质量							0.303^{**}	2.801
F 值		17.321^{***}		17.061^{*}		16.220^{**}		19.976^{**}	
F 显著性		0.000		0.020		0.003		0.001	
R^2		0.242^{***}		0.263^{*}		0.271^{**}		0.297	
ΔR^2				0.021		0.080		0.026	
ΔF		26.126		10.724		13.491		37.112	

注: * 代表 $p<0.05$, ** 代表 $p<0.01$, *** 代表 $p<0.001$。

五、小结

从以上模型检验和数据分析可知,专用性投资的类型对关系质量的影响是不一致的,有形专用性投资要比无形投资在对关系质量的影响中更有价值,尤其是在专用性投资不对等的条件下,有形专用性投资能够更好地维持双方的关系质量。无形专用性投资在关系稳定期的效果比较明显。刘益(2010)在研究承诺的中介效应时也得出了类似的结果。钱丽萍(2014)研究专用性投资和企业的长期合作意向时,也发现专用性投资不对等对长期合作意向有重大影响。模型结果发现无形专用性投资对机会主义行为的发生影响不显著或者比较弱,主要基于无形专用性投资相对于有形专用性投资无法直接作为中间商是否进行机会主义行为的参考标准,对中间商的决策影响较小。

通过对模型的验证和数据分析,本书的假设验证结果如表 5.29 所示。

表 5.29 研究假设验证结果汇总表

假设	假 设 内 容	是否支持
H1	有形专用性投资与无形专用性投资有正相关关系	支持
H2	有形专用性投资与关系质量有正相关关系	支持
H3	无形专用性投资与关系质量有正相关关系	部分支持
H4	有形专用性投资与机会主义行为有正相关关系	支持
H5	无形专用性投资与机会主义行为有正相关关系	不支持
H6	专用性投资不对等在制造商有形专用性投资对关系质量的影响中起到负向调节作用	支持
H7	专用性投资不对等在无形专用性投资对关系质量的影响中起到负向调节作用	不支持
H8	专用性投资不对等在有形专用性投资对机会主义行为的影响中起到正向调节作用	支持
H9	专用性投资不对等在无形专用性投资对机会主义行为的影响中起到正向调节作用	不支持
H10	关系质量和机会主义行为之间具有负相关关系	支持

假设	假　设　内　容	是否支持
H11	关系质量在有形专用性投资对机会主义行为的影响中起到负向中介作用	支持
H12	关系质量在无形专用性投资对机会主义行为的影响中起到负向中介作用	支持
H13	关系质量在有形专用性投资对机会主义行为的中介作用受专用性投资不对等的负向调节,且负向调节效应显著	支持
H14	关系质量在无形专用性投资对机会主义行为的中介作用受专用性投资不对等的负向调节,且负向调节效应显著	不支持

对没有得到支持的结论,我们采用了深度访谈方式进一步分析原因,整理内容如表 5.30 所示。

表 5.30　研究假设不成立题项汇总表

假设	假　设　内　容	是否支持	原　因　分　析
H3	无形专用性投资与关系质量有正相关关系	部分支持	无形专用性投资能够让中间商更加熟悉工艺、产品的专业性,提高了满意度,规范和培训增加了双方交流时间,有利于私人感情培养,提高了承诺的可能性;但也让中间商更加全面了解制造商,看出其中的不足,对信任度能否产生正向影响不确定;信任的产生更多来自实力和经济效益
H5	无形专用性投资与机会主义行为有正相关关系	不支持	无形专用性投资需要更长时间才能产生效果,甚至因双方在工作流程、企业文化的差异会产生负面效应;无形专用性投资一般作为有形专用性投资的附加条款在合约中给予体现,无法形成直接的经济效益,对机会主义行为的影响不显著;与样本企业合作时间过短,没达到时间要求
H7	专用性投资不对等在无形专用性投资对关系质量的影响中起到负向调节作用	不支持	无形专用性投资需要更长时间才能产生效果,甚至因双方在工作流程、企业文化的差异会产生负面效应;中间商无法通过标准化方式比较竞争者与原制造商无形投资的优劣,故影响不显著;另在研究期间也存在和样本企业合作时间过短问题,没达到时间要求

假设	假 设 内 容	是否支持	原 因 分 析
H9	专用性投资不对等在无形专用性投资对机会主义行为的影响中起到正向调节作用	不支持	无形专用性投资需要更长时间才能产生效果,甚至因双方在工作流程、企业文化的差异会产生负面效应;中间商无法通过标准化方式比较出竞争者与原制造商无形投资的优劣,对机会主义行为的影响不显著;另在研究期间也存在和样本企业合作时间过短问题,没达到时间要求
H14	关系质量在无形专用性投资对机会主义行为的中介作用受专用性投资不对等的负向调节,且负向调节效应显著	不支持	无形专用性投资和关系质量均需要一个时间长度才能产生效果,且存在中介机制,时间周期更长,项目研究时间有可能没有达到要求;无形投资更多影响关系质量的承诺变量,通过专用性投资不对等的调节,效果更加微弱,因此对机会主义行为的影响不显著

第六章　来自实验研究的结果

实验研究是一种受控的研究方法,通过一个或多个变量的变化来评估它对一个或多个变量产生的效应。实验的主要目的是建立变量间的因果关系,一般的做法是研究者预先提出一种因果关系的尝试性假设,然后通过实验操作来进行检验。本章主要是通过实验研究对悦庄酒业集团进行重点分析,在其76家红酒会所中,选取符合条件且性质不同的40家会所进行为期24个月的数据跟踪和实地考察,并记录了40家会所的运营情况,主要指标包括合作方式、渠道政策、专用性投资情况、销售额、销售毛利、重大促销政策、竞争情况、信任和机会主义行为等。在研究过程中,通过与悦庄酒业集团高管沟通,在他们的经营过程中加入了部分课题研究的内容,但也有利于集团渠道关系管理的措施和方案,力求使企业的经营环境具有高度的仿真性。在竞争环境模拟中,选取了张裕葡萄酒集团主营进口酒的先锋酒业连锁作为假想竞争对手,进行了模拟和数据采集。

第一节　研　究　假　设

与研究相关的理论分析在本书第三章已经做了充分的阐述,本章不再进行解释。对于研究假设,虽然实验条件有一定的限制,但是不影响对项目本质问题的研究,假设主要基于前期实证结果做出,期望能从实验研究角度佐证研究结论。因此本章内容与前期实证研究在内容上有很好的顺承性,既是对前期结论的验证,又是通过不同角度研究同一主题,具有很好的对比性。尤其是本章的研究完全基于企业真实的运营环境和我们人为的高仿真实验条件,体现了企业管理的科学实验特性,得出的结果更加真实客观,对深入分析项目很有必要性。

一、专用性投资与关系质量假设

根据上述的逻辑分析,本书对专用性投资与关系质量做如下假设:通过调研发现,有形专用性投资和无形专用性投资在渠道双方中是共生的,专用性投资一方通过有形性投资加深了与被投资方的合作关系,同时伴随着私人关系和感情的建立,为保证专用性投资能够效益最大化,也会伴随一定的工作培训和知识转移。所以本书认为有形专用性投资将会促进双方无形专用性投资的增加,提出如下假设:

H11:有形专用性投资与无形专用性投资具有正相关关系

有形专用性投资是对双方合作关系信心和诚意的体现,有利于增加被投资方的信任度,从而使其对双方的合作产生信心。无形专用性投资从工作流程、培训、私人感情等不同方面加强双方的交流与合作,更加体现了对被投资方的重视,提升其满意度。无形专用性投资使双方合作的细节得到落实,并能产生实际效益,增加信任度。在合作期间无形专用性投资更有利于关系学习和合作创新,从而增加长期合作的意愿度,提出如下假设:

H12:有形专用性投资与信任有正相关关系

二、专用性投资与机会主义行为假设

专用性投资自带两种属性:一是锁定效应;二是沉没成本。沉没成本使专用性投资易引致机会主义行为,专用性投资和机会主义行为存在一定的因果关系,但是这种关系受诸多因素的影响,如渠道双方的信任、双方关系的持续性、专用性投资不对等、渠道双方在网络中位置等,这些影响因素决定了机会主义行为是否发生。本书对专用性投资与机会主义行为的关系依然遵从众多学者的研究结果,提出如下假设:

H21:有形专用性投资与机会主义行为有正相关关系

H22:无形专用性投资与机会主义行为有正相关关系

三、专用性投资、专用性投资不对等与关系质量假设

学者研究发现,专用性投资与关系质量存在因果关系,但这种因果关系对关系质量的影响程度有差异,尤其是对关系质量的中信任维度的差异性更显著。专用性投资对关系质量的影响会随着外在环境和渠道情境的变化发生改变。薛佳奇、刘益(2010)通过实证研究发现制造商专用性投资相对于竞争对手的专用性投资处于劣势时,中间商发生机会主义行为的可能性会较大。本研究认为,在竞争环境下,有形的专用性投资如果与竞争者相比处于优势,则中间商通过对比后将会产生更高的信任度,能促使双方的关系更加紧密;如果与竞争者相比处于劣势,则中间商经过考察后,将会产生不平衡感,减少对未来收益的期望值,降低合作的积极性,最终影响双方的关系质量。提出如下假设:

H31：制造商有形投资的比较优势与信任有正相关关系

H32：制造商无形投资的比较优势与信任有正相关关系

四、关系质量与机会主义行为假设

信任作为关系质量的重要维度,在研究渠道关系中被诸多学者重视,但在研究过程中,研究者经常把信任当成单一概念,没有从组织和个人两个层面研究,即信任可分为组织信任和个人信任。组织信任与个人信任之间既有联系又有区别。销售人员的行为反映了其组织的企业文化、对客户的态度等。中间商对制造商的信任可以转为对销售人员的信任,反之亦然,对销售人员个人的信任也可以泛化于对制造商的信任。组织信任和个人信任相互影响、相互促进。通过实证研究验证了个人信任和组织信任存在着正相关的关系。基于以上逻辑关系和分析,研究对专用性投资和机会主义行为有如下假设:

H4：信任与机会主义行为之间具有负相关关系

第二节　实验设计和实验过程

一、实验设计

(一) 实验组选取

本研究的实验设计包含多重目的,所以在实验样本和实验组的设计上,不同的实验选取的类型不一样。本次实验设计主要依托悦庄酒业集团所属的会所和加盟悦庄的红酒会所进行实验。实验采用实验组、控制组、对照组前侧后侧实验设计。

(二) 问卷设计

在问卷设计上主要采取了量表和打分的方式,内容主要是前期学者所经常采用且被证实有效的量表题项,通过对样本问卷内容的信度和效度分析(详细信息见第四章相关内容),结果比较理想,适合采用。

(三) 变量设计

本研究把专用性投资作为自变量(IV),专用性投资分为有形专用性投资和无形专用性投资,专用性投资不受其他因素影响,由制造商根据公司和市场政策决定是否投资。关系质量具有双重性质:一是作为专用性投资的结果变量,即因变量(DV);二是机会主义行为的自变量,所以关系质量在专用性投资和机会主义行为之间是中介变量(MEV)。专用性投资首先影响或部分影响关系质量,通过关系质量影响机会主义行为。专用性投资不对等是一个调节变量（MOV），它会影响自变量和因变量关系方向和重要程度。本研究专门考察专用性投资不对等对专用性投资和关系质量的影响程度、专用性投资对专用性投资与机会主义行为的影响程度。

（四）实验处理

实验处理又称实验刺激，它是指研究者为了弄清自变量的变化对因变量产生的效应，对自变量施加的控制行为。本研究为深层次分析自变量与因变量之间的关系，在实验过程中人为增加了刺激因素，如竞争假想敌、激励政策等因素，同时为了保证实验的高仿真性，对一些变量如企业属性、企业存续周期、合作性质、渠道情境等进行了控制，避免这些变量对结果产生影响。

（五）前测和后测、实验组和控制组

前测和后测分别是指在实验处理之前和之后对实验对象所做的观察或测量，它们可以使我们比较实验处理前后发生的情况，找出因变量发生的变异。但仅有前测和后测还不足以判断出实验变异有多大，因为因变量的变异可能包含部分外部变异，这就需要引入控制组。在实验研究中，接受实验处理的一组研究对象称为实验组（实验组可能有多个），不接受实验处理的一组研究对象称为控制组（控制组也可能有多个）。实验结束时，比较实验组和控制组便可看出实验处理产生的差异，控制组提供了测量实验变异的参考点。实验组和控制组在实验过程中，全都处于同一条件下，只是实验组研究变量接受了实验处理。因变量在实验前后的变化完全来自研究变量接受实验处理的结果，然而，要判断这种差异是否只来自实验处理，还必须比较实验组和控制组实验结束时的状态。与控制组有关的一个概念是控制变量（control variable）。控制变量是指实验过程中其值保持不变的自变量，它不同于控制组。采用控制变量的目的是使非研究变量产生的影响最小，而控制组的目的是排除各种外部变异源包括研究者未发现的因素对因变量的影响。

二、实验过程与结果

（一）实验一：专用性投资与关系质量实验

1. 实验对象

从悦庄酒业集团会所和加盟的会所中总计选取 40 家会所，其中进行专用性投资的有 20 家，加盟的无专用性投资的有 20 家。是否进行专用性投资的划分主要按照两个标准界定：一是有资金和设备等有形资本的投入；二是有业务流程、专业知识培训和人员团队建设的投入。符合以上两个条件的，属于进行了专用性投资的实验组;不具备以上任何一条的属于没有进行专用性投资的实验组。仅具备其中一条的,则不属于本次实验的选取范围。

2. 实验处理

鉴于实验是在真实商务环境下开展的,为保证实验效果,把有专用性投资的组作为实验组,把没有专用性投资的组作为控制组。实验开展期间,没有通知两组会所经营人员在做实验测试,以保证他们的运营不受实验要求的干扰。实验观察周期为 24 个月,每 3 个月让 2 组会所经营人员填写一份"合作关系信任度调查表",表格依据前期学者关于信任的研究成果设计,总计 5 个题项。调查表总分为 10 分,经营人员最终提交的是汇总分。

3. 数据处理和结果

收到调查表以后,我们对 24 个月总计 8 期的数据取平均值,得到两组不同的信任度的得分,再通过独立样本 t 检验的方法,看两者是否具有差异。通过表 6.1、表 6.2 可知,有专用性投资的实验组信任度均值为 8.7,没有专用性投资的参照组信任度均值为 8.075,说明专用性投资能够提升中间商的信任度。

表 6.1　有专用性投资和无专用性投资信任度均值表

	组别	N	均值	标准差	均值的标准误差
信任 t	1.00	20	8.700 0	0.442 48	0.098 94
	2.00	20	8.075 0	0.663 23	0.148 30

进一步分析两者的方差检验发现,这两组在信任均值上有显著性差异,表明这种差距是有本质区别的(见表 6.3)。

表 6.2　信任度 t 检验表

		方差方程的 Levene 检验		均值方程的 t 检验						
		F	Sig.	t	df	Sig.（双侧）	均值差值	标准误差值	差分的 95% 置信区间	
									下限	上限
信任 t	假设方差相等	1.907	0.175	3.506	38	0.001	0.625 00	0.178 28	0.264 10	0.985 90
	假设方差不相等			3.506	33.117	0.001	0.625 00	0.178 28	0.262 34	0.987 66

可以得出制造商通过进行专用性投资可以提升中间商的信任度这一结论,假设 H12 得到验证。

表 6.3　有形专用性投资和信任度相关性分析

		有形专用性投资	专用性投资信任度	均值	标准差
有形专用性投资	Pearson 相关性	1	0.915**		
	显著性(双侧)		0.000	8.895	0.551
	N	20	20		
专用性投资信任度	Pearson 相关性	0.915**	1		
	显著性(双侧)	0.000		8.7	0.443
	N	20	20		

注:** 代表在 0.01 水平(双侧)上显著相关。

同时通过实验数据可知,有形专用性投资和无形专用性投资之间存在正相关关系,企业在进行有形专用性投资的同时也增加了无形专用性投资的投入(见表 6.4)。假设 H11 得到验证。

表 6.4　专用性投资相关性分析

		有形专用性投资	无形专用性投资	均值	标准差
有形专用性投资	Pearson 相关性	1	0.546*		
	显著性(双侧)		0.013	8.895	0.551
	N	20	20		
无形专用性投资	Pearson 相关性	0.546*	1		
	显著性(双侧)	0.013		8.37	0.599
	N	20	20		

注:* 代表在 0.05 水平(双侧)上显著相关。

（二）实验二：专用性投资与机会主义行为实验

1. 实验对象

根据机会主义行为的表现，对悦庄酒业集团进行专用性投资的会所和加盟的会所进行筛选，将过去 12 个月内出现过一类或者几类机会主义行为的会所作为实验对象，总计抽取符合实验标准的会所 34 家，其中有专用性投资的会所 21家，加盟的会所有 13 家。为保持对称性，实验选取了 13 家有专用性投资的会所和 13 家没有专用性投资的会所，进行实验。

2. 实验处理

鉴于机会主义行为是一个敏感的话题，很难通过问卷调研的方式得到真实的答案。实验以课题研究的名义采取深度访谈的方式，每家会所的访谈时间为一个小时，访谈小组总计 3 人，分别包括主访人员 1 名，陪访人员 1 名，记录人员1 名，对访谈内容不做限制，但把机会主义行为内容以市场交流的方式融合进去，每当经营人员对机会主义行为的内容作答时，记录人员会在相应的题项打出分数，最后累计得分，代表着会所机会主义行为意愿或实际行为。实验在 2 年内总计进行了 4 次，机会主义行为的题项总计 7 项，总分为 10 分，每个题项的标准分有所不同。

3. 数据处理和结果

实验结束后，我们对 4 次收集的数据取平均值，得到 2 组机会主义行为得分，再通过独立样本 t 检验的方法，看两者是否具有差异。通过表 6.5、表 6.6 可知，有专用性投资实验组机会主义行为均值为 3.645，没有进行专用性投资的参照组机会主义行为均值为 5.015，说明有专用性投资会所的机会主义行为要低于没有专用性投资会所的机会主义行为。

表 6.5　有专用性投资和无专用性投资机会主义行为均值表

	组　别	N	均值	标准差	均值的标准误差
机会主义行为	有专用性投资	13	3.645	0.401 94	0.089 88
	无专用性投资	13	5.015	0.827 98	0.185 14

进一步分析两者的方差，检验发现，这两组在机会主义行为均值上有显著性差异，表明这种差距是有本质区别的，说明专用性投资能够带来机会主义行为的降低。

通过相关性分析发现有形专用性投资与机会主义行为有正相关关系,无形专用性投资与机会主义行为没有显著影响(见表 6.7)。同时通过实验数据可知,有形专用性投资和无形专用性投资之间存在正相关关系,企业在进行有形专用性投资的同时也增加了无形专用性投资的投入。假设 H31 得到验证,而 H32 没有得到验证。

表 6.6　机会主义行为 t 检验表

| | | 方差方程的 Levene 检验 | | 均值方程的 t 检验 | | | | | 差分的 95% 置信区间 | |
		F	Sig.	t	df	Sig.（双侧）	均值差值	标准误差值	下限	上限
机会主义行为	假设方差相等	7.234	0.011	−6.657	38	0.000	−1.370 00	0.205 80	−1.786 63	−0.953 37
	假设方差不相等			−6.657	27.484	0.000	−1.370 00	0.205 80	−1.791 93	−0.948 07

表 6.7　专用性投资和机会主义行为相关性分析

		有形专用性投资	无形专用性投资	机会主义行为（有形）	机会主义行为（无形）
有形专用性投资	Pearson 相关性	1	0.546*	0.529*	0.253
	显著性（双侧）		0.013	0.017	0.283
	N	20	20	20	20
无形专用性投资	Pearson 相关性	0.546*	1	0.124	0.314
	显著性（双侧）	0.013		0.603	0.178
	N	20	20	20	20
机会主义行为（有形）	Pearson 相关性	0.529*	0.124	1	0.369
	显著性（双侧）	0.017	0.603		0.109
	N	20	20	20	20

续　表

		有形专用性投资	无形专用性投资	机会主义行为（有形）	机会主义行为（无形）
机会主义行为（无形）	Pearson 相关性	0.253	0.314	0.369	1
	显著性（双侧）	0.283	0.178	0.109	
	N	13	13	13	13

注：＊代表在 0.05 水平（双侧）上显著相关。机会主义行为（有形）、机会主义行为（无形）分别指由有形专用性投资和无形专用性投资带来的机会主义行为。

（三）实验三：信任与机会主义行为实验

1. 实验对象

信任与机会主义行为之间在样本选择上不存在区分，所以在实验过程不需要对实验对象做区分，我们既选取了有专用性投资的会所，也选取了加盟的会所，对两种不同性质的会所分别选取了 20 家进行实验。

2. 实验处理

对于信任度的调查与实验一样，实验开展期间，没有通知两组会所经营人员在做实验测试，以保证他们的运营不受实验要求的干扰。实验观察周期为 24 个月，每 3 个月让两组会所经营人员填写一份《合作关系信任度调查表》，问卷内容依据前期学者关于信任的研究成果设计，总计 5 个题项。调查表总分为 10 分，经营人员最终提交的是汇总分。机会主义行为的调查与实验三一致。实验以课题研究的名义采取深度访谈的方式，每家会所的访谈时间为一个小时，访谈小组总计 3 人，分别为主访人员 1 名，陪访人员 1 名，记录人员 1 名，对访谈内容不做限制，但把机会主义行为内容以市场交流的方式融合进去，每当经营人员对机会主义行为的内容作答时，记录人员会在相应的题项打出分数，最后累计得分，代表着会所机会主义行为意愿或实际行为。实验在 2 年内总计进行了四次，机会主义行为的题项总计 7 项，总分为 10 分，每个题项的标准分有所不同。

3. 数据处理和结果

实验结束后，我们对收集的数据进行相关性分析，同时控制会所存续时间、渠道情境等因素的影响，看两者之间是否存在相关关系。通过表 6.8、表 6.9 可知，信任与机会主义行为有高度负相关关系，即双方信任度的提升有利于减少中间商的机会主义行为发生，假设 H4 得到验证。

表 6.8 均值和标准差分析

	均　　值	标准差	N
信任 t	8.700	0.442 48	20
机会主义行为	3.645	0.401 94	20
企业存续时间	2.050	1.050 06	20
渠道情境	4.100	1.618 97	20

表 6.9 信任与机会主义行为相关性分析

控制变量			信任 t	机会主义行为
企业存续时间 & 渠道情境	信任 t	相关性	1.000	−0.728
		显著性（双侧）	0.00	0.001
		df	0	16
	机会主义行为	相关性	−0.728	1.000
		显著性（双侧）	0.001	0.00
		df	16	0

（四）实验四：专用性投资不对等对专用性投资与关系质量的实验

1. 实验对象

专用性投资不对等，主要针对已经进行专用性投资的实验对象，故实验对象选取标准是悦庄酒业集团进行专用性投资的会所，对加盟会所不予选取。选取了 40 家会所进行实验。

2. 实验处理

专用性投资不对等在本实验中作为竞争因素出现，我们对 40 家实验对象进行了为期 6 个月的谈判，谈判次数为 6 次，一个月保持沟通一次，我们以张裕先锋酒业的名义分为两组，每组 20 家会所开展谈判。A 组给出的合作条件尤其是专用性投资要高于现有的与悦庄合作的条件；B 组的合作条件要低于现有的与悦庄的合作条件。为避免会所对合作人员产生怀疑态度，我们邀请了先锋酒业的业务经理作为本期实验的主要负责人。实验开展期间，没有通知两组会所经营人员在做实验测试，以保证他们的决策不受实验要求的干扰。实验观察周期为 6 个月，每 3 个月让 2 组会所经营人员填写一份"合作关系信任度调查表"，表的内容依据前期学者关于信任的研究成果设计，总计 5 个题项。调查表总分为 10 分，经营人员最终提交的是汇总分。机会主义行为的调查在实验期内进行了两次。以课题研究的名义采取深度访谈的方式，每家会所的访谈时间为一个小时，访谈小组总计 3 人，分别主访人员 1 名，陪访人员 1 名，记录人员 1 名，对访谈内容不做限制，但把机会主义行为内容以市场交流的方式融合进去，每当经营人员对机会主义行为的内容作答时，记录人员会在相应的题项打出分数，最后累计得分，代表着会所机会主义行为意愿或实际行为。机会主义行为的题项总计 7 项，总分为 10 分，每个题项的标准分有所不同。

3. 数据处理和结果

实验结束后，我们对收集的数据进行独立样本 t 检验，同时控制会所存续时间、渠道情境等因素的影响，看两者之间是否存在相关关系。通过表 6.10、表 6.11 可知，在专用性投资不对等条件加入后，中间商信任度均值为 8.675，没有专用性投资不对等的干扰的中间商信任度均值为 8.66，没有显著性变化，故这两者之间不存在显著的相关关系。假设 H31、H32 没有得到验证，说明专用性投资不对等适合做自变量，但是否是调节变量有待于下一步的证明。

表 6.10　均值和标准差分析

	类型	N	均值	标准差	均值的标准误
信任 t	1.00	20	8.675	0.432 71	0.096 76
	2.00	20	8.660	0.448 86	0.100 37

表 6.11　专用性投资独立样本 t 检验

		方差方程的 Levene 检验		均值方程的 t 检验						
		F	Sig.	t	df	Sig.（双侧）	均值差值	标准误差值	差分的95%置信区间	
									下限	上限
专用性投资不对等	假设方差相等	0.046	0.831	0.108	38	0.915	0.015 00	0.139 41	−0.267 22	0.297 22
	假设方差不相等			0.108	37.949	0.915	0.015 00	0.139 41	−0.267 24	0.297 24

第三节 小 结

从四个实验的研究结果可知,专用性投资、专用性投资不对等、关系质量和机会主义行为之间的简单因果关系和逻辑关系,在一定程度上佐证了前期的研究结论。受限于商务环境和企业自身条件,尤其是样本数量的采集,无法做专用性投资不对等的调节效应分析,也无法做关系质量的中介效应分析。只能通过实验环境的设计,把几个主要关键变量最直接的统计结果做出来,对本研究来说是一个遗憾。

第七章　基于演化博弈视角的
专用性投资决策研究

　　研究开展期间，我们花费了大量时间走访企业并做深入访谈。结果发现，在回答自己为什么会发生机会主义行为时，企业负责人和高管首先回答的不是原因，而是双方为什么会有专用性投资的历史过程和原预期目标。这一发现让我们意识到一个问题：专用性投资和机会主义行为研究应尝试向前追溯，把影响专用性投资决策的因素加进来，对分析机会主义行为如何产生可能会有价值。因此我们认为研究专用性投资与机会主义行为的关系时，不仅要分析两者之间的中介机制和调节因素，还要分析专用性投资决策的影响因素，才能更全面地看到机会主义行为产生的渊源。而企业是否进行专用性投资是一个管理问题，更是一个经济问题，同时也是一个随时间博弈的问题。实证和实验研究让我们能够看到影响两者关系的中间变量和调节变量，本章则从经济学和博弈论的角度分析专用性投资的决策，以期通过对专用性投资决策因素的研究，得出机会主义行为发生的前置因素，从原理上找出支持前期实证研究的依据。

　　近十年来专用性投资在渠道关系质量（Lohtia，2005）、关系价值（刘益，2006）和关系稳定性（Claro，D P，2006）等方面发挥了重要作用。但是随着渠道竞争和消费方式的改变，渠道冲突增加，双方关系质量不稳定。合作周期大幅缩短，专用性投资收益存在极大不确定的风险（Hwang，2006），一旦不成功将会成为企业投资的沉没成本（王德建，2008），同时专用性投资也会增加双方依赖的不对等（Jap & Ganesan，2000），带来机会主义行为（Wuyts Stefan & Geyskens Inge，2005），给投资方造成巨大损失，整个渠道系统也没有实现效益和效率的最优化。许多学者针对这一内容有所研究，这些研究大多基于制造商和零售商都是完全理性的假设，显然在渠道实际决策中不能满足这一要求（丁小彬，2010），渠道成员双方可能是长期的销售关系或者通过一些市场信息来逐渐优化决策（穆鸿声、晁钢令，2010）。另一些学者从演化博弈论角度对渠道合作做了一定的研究，如叶明海、张丽萍（2006）以汽车行业为例，认为制造商尤其是领导型企业在渠道关系中要有合作意识，要重视激励的作用。马慧（2011）以博弈模型论证了双渠道决策的适用条件。王开弘、丁川(2010)认为渠道合作的可能性主要取决于合作的成本和超额利润,易余胤(2009)和穆鸿声、晁钢令(2010)则通过演化博弈论证了渠道合作中的机会主义行为和监督机制的关系。但是以往研究仅从渠道合作整体层面去研究,也没有得出一致的结论,无法为企业提出有价值的建议(钱丽萍、高伟,2014)。渠道关系中的专用性投资决策是目前渠道合作和关系维护的一个重要又具体的主题,通过对渠道关系专用性投资的研究可以更细化地知晓影响渠道关系质量和合作的因素,更好地为企业提出针对性建议。

本研究认为渠道关系专用性投资的决策是渠道系统双方生态进化和博弈的过程,是制造商和中间商经过一定时间的合作,在对专用性投资收益和风险评估的基础上做出的选择。从演化博弈的角度分析,这一决策过程存在着不同的演化路径,不同的演化结果可能受投资成本、收益期望等因素的影响。

第一节　专用性投资演化博弈模型

一、演化博弈

演化博弈分析核心的概念是"演化稳定策略(ESS)"和"复制动态"(Weibull,1998)。ESS表示一个种群抵抗变异策略入侵的一种稳定状态,若策略 s^* 是一个 ESS,当且仅当:① s^* 构成一个 Nash 均衡,即对任意的 s,有 $u(s^*,s^*)\geqslant u(s^*,s)$;② 如果 $s^*\neq s$ 满足 $u(s^*,s^*)=\mu(s^*,s)$,则必有 $u(s^*,s)>u(s,s)$(Borgers & Sarin,1997)。复制动态实际上是描述某一特定策略在一个种群中被采用的频数或频度的动态微分方程,一种策略的适应度或支付比种群的平均适应度高,这种策略就会在种群中发展。

二、模型假设

基于演化博弈的原理,本书建立一个制造商和中间商的博弈模型,制造商和中间商的假设条件和支付矩阵如下。

(1)制造商不进行专用性投资的收益为 R_m,专用性投资成本为 C_m,因单方面专用性投资额外得到收益 ΔR_m,则制造商进行专用性投资的利润为 $R_m+\Delta R_m-C_m$。

(2)中间商不进行专用性投资的收益为 R_d,因单方专用性投资额外得到收益 ΔR_d,进行专用性投资的成本为 C_d,则中间商进行专用性投资的利润为 $R_d+\Delta R_d-C_d$。

（3）制造商进行专用性投资,中间商也进行专用性投资,将会带来超额收益 $\Delta\pi(0 \leqslant \Delta\pi)$,超额收益将会在制造商和中间商之间进行分配,假设制造商分配的比例为 $z(0 \leqslant z \leqslant 1)$,则因双方都进行专用性投资给制造商带来的额外收益为 $z\Delta\pi$,则中间商获得额外收益为 $(1-z)\Delta\pi$。

（4）在双方都进行专用性投资的条件下,制造商获得的总利润是 $R_m + \Delta R_m - C_m + z\Delta\pi$,中间商获得的总利润是 $R_d - C_d + \Delta R_d + (1-z)\Delta\pi$,则制造商和中间商的博弈支付矩阵如表 7.1 所示。

表 7.1　制造商和中间商支付矩阵

制造商	中　间　商	
	投资(y)	不投资($1-y$)
投资(x)	$[R_m + \Delta R_m - C_m + z\Delta\pi,$ $R_d + \Delta R_d - C_d + (1-z)\Delta\pi]$	$(R_m + \Delta R_m - C_m,$ $R_d - C_d)$
不投资($1-x$)	$(R_m, R_d - C_d + \Delta R_d)$	(R_m, R_d)

第二节　演化博弈模型

一、专用性投资演化机制

渠道双方专用性投资决策的策略选择调整可用"选择策略—演化—选择新策略—再演化"的生物演化博弈"复制动态"机制来模拟。根据泰勒和乔克（Taylor & Jonker,1978）提出的复制动态的微分形式,可知

$$\frac{\mathrm{d}\theta_z}{\mathrm{d}t} = x[\mu(k,s) - \mu(s,s)], k = 1, 2, \cdots, z \tag{7.1}$$

其中 θ_z 代表采用策略 z 的比例,$\mu(z,s)$ 表示企业采用策略 k 的期望收益,$\mu(s,s)$ 表示所有企业的平均期望收益,z 代表不同的策略。

假设制造商中进行"专用性投资"的比例为 x,"不进行专用性投资"的比例为 $1-x$;中间商中进行"专用性投资"的比例为 y,"不进行专用性投资"的比例为 $1-y$,基于以上假设,制造商投资、不投资和平均期望收益分别如下。

制造商"投资"的期望收益为

$$\mu_{mx} = y(R_m + \Delta R_m - C_m + z\Delta\pi) + (1-y)(R_m + \Delta R_m - C_m) \quad (7.2)$$

制造商"不投资"的期望收益为

$$\mu_{m(1-x)} = yR_m + (1-y)R_m \quad (7.3)$$

制造商平均期望收益为

$$\begin{aligned}\bar{\mu}(x) &= x\mu_{mx} + (1-x)\mu_{m(1-x)} \\ &= R_m + x(\Delta R_m - C_m + yz\Delta\pi)\end{aligned} \quad (7.4)$$

同理,中间商的投资期望收益、不投资期望收益和平均期望收益为:

$$\mu_{dy} = x[R_d + \Delta R_d - C_d + (1-z)\Delta\pi] + (1-x)(R_d + \Delta R_d - C_d) \quad (7.5)$$

$$\mu_{d(1-y)} = xR_d + (1-x)R_d \quad (7.6)$$

$$\bar{\mu}(y) = y\mu_{dy} + (1-y)\mu_{d(1-y)} = R_d + y[\Delta R_d + x(1-z)\Delta\pi - C_d] \quad (7.7)$$

根据式(7.1)、式(7.4)和式(7.7)可得出制造商和中间商选择"投资"决策动态复制方程为

$$\frac{\mathrm{d}x}{\mathrm{d}t} = x[u_{mx}(x) - \bar{\mu}(x)] \quad (7.8)$$

$$\frac{\mathrm{d}y}{\mathrm{d}t} = y[u_{my}(y) - \bar{\mu}(y)] \quad (7.9)$$

微分方程式(7.8)和式(7.9),根据 Friedman(1991)提出的方法,结果为

$$F(x) = \frac{\mathrm{d}x}{\mathrm{d}t} = x[u_{mx}(x) - \bar{\mu}(x)] = 0 \quad (7.10)$$

$$F(y) = \frac{\mathrm{d}y}{\mathrm{d}t} = y[u_{my}(y) - \bar{\mu}(y)] = 0 \quad (7.11)$$

进一步整理得到系统的平衡点有以下五个关于(x,y)的点: $O(0,0)$、$A(1,0)$、$B(0,1)$、$C(1,1)$及$D\left(\dfrac{C_d - \Delta R_d}{(1-k)\Delta\pi}, \dfrac{C_m - \Delta R_m}{k\Delta\pi}\right)$。

其中

$$X_D = \frac{C_d - \Delta R_d}{(1-k)\Delta\pi} \qquad\qquad Y_D = \frac{C_m - \Delta R_m}{k\Delta\pi} \quad (7.12)$$

上述平衡点是否为演化稳定策略（ESS）需要利用雅可比矩阵（Jacobian Matrix）来判断，若平衡点对应矩阵的行列式（Det）大于零，且迹（Tra）小于零，则为 ESS；若迹等于零，则为鞍点(X_D, Y_D)，该博弈系统的雅可比矩阵为

$$J = \begin{bmatrix} (1-2x)(\Delta R_m - C_m + yz\Delta\pi) & x(1-x)z\Delta\pi \\ y(1-y)(1-z)\Delta\pi & (1-2y)[\Delta R_d - C_d + x(1-z)\Delta\pi] \end{bmatrix}$$

分别对五个均衡点进行局部稳定性分析得演化结果，见表 7.2。

表 7.2　演化博弈局部性均衡分析

平衡点(x, y)	Det $J = a_{11}a_{22} - a_{12}a_{21}$		Tra $J = a_{11+}a_{22}$		稳定性
$O(0,0)$	$(\Delta R_m - C_m)(\Delta R_d - C_d)$	$+$	$\Delta R_m - C_m + \Delta R_d - C_d$	$-$	ESS
$A(1,0)$	$-(\Delta R_m - C_m)[\Delta R_d - C_d + (1-z)\Delta\pi]$	$+$	$C_m - \Delta R_m + \Delta R_d - C_d + (1-z)\Delta\pi$	$+$	不稳定点
$B(0,1)$	$-(\Delta R_m - C_m + z\Delta\pi)(\Delta R_d - C_d)$	$+$	$\Delta R_m - C_m + z\Delta\pi - \Delta R_d + C_d$	$+$	不稳定点
$C(1,1)$	$(\Delta R_m - C_m + z\Delta\pi)[\Delta R_d - C_d + (1-z)\Delta\pi]$	$+$	$-(\Delta R_m - C_m + \Delta R_d - C_d + \Delta\pi)$	$-$	ESS
$D\left(\dfrac{C_d - \Delta R_d}{(1-z)\Delta\pi}, \dfrac{C_m - \Delta R_m}{z\Delta\pi}\right)$	$-(C_d - \Delta R_d)[\Delta R_d - C_d + (1-z)\Delta\pi](C_m - \Delta R_m)(\Delta R_m - C_m + z\Delta\pi)/z\Delta\pi(1-z)\Delta\pi$	$-$	0		鞍点

注：a_{11}、a_{22}、a_{12}、a_{21}为雅可比矩阵元素。

二、结果分析

根据专用性投资和商业竞争的特点，专用性投资的成本 C_m 或者 C_d 很难通过初期额外收益收回，这是形成专用性投资风险的根本所在。我们基此假设 $C_m > \Delta R_m$ 和 $C_d > \Delta R_d$，但是 $\Delta R_m + z\Delta\pi > C_m$ 和 $\Delta R_d + (1-z)\Delta\pi > C_d$。由表 7.2 可知，仅 O 和 C 两点是演化稳定策略（ESS），分别对应博弈双方不进行专用性投资和进行专用性投资，A 和 B 是不稳定平衡点，D 是鞍点，专用性投资的演化路径是由两个不稳定的点 A、B 与鞍点 D 连成的折线为系统收敛于不同

状态的临界线,在折线的右上方系统将收敛于投资关系;在折线左下方系统将收敛于不投资关系(见图 7.1)。

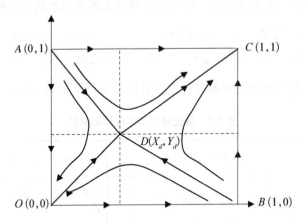

图 7.1 渠道双方专用性投资动态演化图

进一步分析,制造商和中间商通过一段时间的演化有可能达到双向投资的长期合作关系,也有可能达到不专用性投资的短期利益合作关系,根据罗宾斯坦(Rubinstein)定理,双方对共同创造的超额收益的分配结果是

$$Z\triangle\pi = \frac{\delta_1}{1-\delta_1\delta_2}(1-\delta_2)\triangle\pi \tag{7.13}$$

$$(1-Z)\triangle\pi = \frac{1-\delta_1}{1-\delta_1\delta_2}\triangle\pi \tag{7.14}$$

δ_1、δ_2 为制造商和中间商收益的贴现因子。把式(7.13)、式(7.14)带入式(7.12)可得,

$$X_D = \frac{1}{\frac{1-\delta_1}{1-\delta_1\delta_2}\frac{\triangle\pi}{C_d}+1} \tag{7.15}$$

$$Y_D = \frac{1}{\frac{\delta_1(1-\delta_2)}{1-\delta_1\delta_2}\frac{\triangle\pi}{C_m}+1} \tag{7.16}$$

$$Z = \frac{1-\delta_1}{1-\delta_1\delta_2} \tag{7.17}$$

由式(7.17)可以看出,影响专用性投资演化结果的因素主要有初始投资成

本、超额收益总额、超额收益分配比例和对超额收益的重视程度。我们将对每个影响因素进行具体分析。

1. 初始投资成本

初始投资成本越大,制造商和中间商进行专用性投资的重视度越高,双向投资的意愿越易达成并且长时间保持稳定。中间商专用性投资的积极性要弱于制造商,尤其在中间商实力不强处于弱势的条件下,演化的轨迹趋势为 B 点 $(1,0)$,中间商更希望由制造商进行专用性投资。

2. 超额收益总额

渠道双方进行专用性投资的超额收益越大,系统演化到双方合作稳定化战略 C 点 $(1,1)$ 的可能性越大,超额收益包括经济利润、市场份额和品牌效应等。超额收益越小,系统越容易向 $O(0,0)$ 发展,双方都不进行专用性投资。超额收益保持不变,但构成维度变化,系统将根据渠道双方偏重的因素向 A 点或 B 点演化,但总体是向 B 点 $(1,0)$ 演化,中间商在专用性投资的积极性偏小,易发生机会主义行为。

3. 超额收益分配比例

双方进行专用性投资决策重要因素是对超额收益的分配比例。根据 $Z \geqslant 1-Z$ 和 $1-Z \geqslant Z$ 可知 $Z = 1/2$,是超额收益分配的平衡点,保持这一比例将使系统向 C 点 $(1,1)$ 点方向发展。分配中处于优势的一方更倾向于进行专用性投资,系统将根据分配比例向 A 点 $(0,1)$ 或 B 点 $(1,0)$ 演化,如制造商比例多,则向 B 点 $(1,1)$ 演化;如中间商比例多则向 A 点 $(0,1)$ 演化。

4. 对超额收益的重视程度

渠道双方对超额收益的重视程度主要通过对收益的贴现因子 $\delta[0,1]$ 体现,制造商的 δ_1 越大,说明制造商越看重长期利益,越倾向于进行专用性投资获取战略合作;中间商的 δ_2 越小,说明中间商越看重短期利益,规避投资风险,越不积极进行专用性投资。同时 δ_1、δ_2 也是超额收益分配比例的影响因素,越看重长期利益的一方,对超额收益分配比例的期望值越小,越容易与对方达成合作。

第三节　小　　结

渠道关系专用性投资决策是一个关于收益和风险的深层次问题,是维持战略合作关系的有效手段,也是制造商和中间商合作博弈后的理性选择。为建立高效稳定的合作关系,在不断博弈中,对于实力相当的制造商和中间商应该从战略上重视专用性投资的决策,提高专用性投资的初期成本(资金、人力和管理等),保持专用性投资的对等性,从而创造最大化的超额收益;对于实力不对称的双方,具有实力的制造商要有长远发展和合作意识,重视演化博弈中的引导演化的重要因素,减少中间商初期投入成本,制定有利于中间商的激励政策,实现渠道整体利益最大化;重视超额收益分配机制的设计,区分双方正常利润和超额收益的不同,促使分配机制有利于中间商,实现渠道体系和效率的最优化;增加合作双方对未来收益的预期和依赖,引导渠道合作关系自主优化,向着有利于合作的方向发展。

通过对专用性投资决策的分析,进一步延伸到机会主义行为。可推断出,专用性投资与机会主义行为受初期投资额、超额利润大小、分配机制和未来预期的影响,这些因素也会随着竞争者的加入发生改变,从而影响合作双方的关系质量,最后导致机会主义行为的发生。通过向前追溯和对中间机制的挖掘,机会主义行为发生的路径和原理更加清晰。

第八章　研究结论和未来展望

本书的主要目的是探讨专用性投资、专用性投资不对等、关系质量和机会主义行为之间的关系和影响机制。通过前期的文献综述、模型设计和实证分析,我们得出了变量之间的影响关系,本章旨在对全文内容作研究总结,包括主要研究结论、创新点、可能存在的局限性,并对未来研究进行展望。

第一节　研　究　结　论

一、控制变量研究结论

本研究的主要控制变量包括企业人员规模、存续时间、客户重要程度、企业性质、行业竞争强度 5 个变量,各个变量对专用性投资、关系质量和机会主义行为的影响是不同的。

研究结果表明,人员规模对专用性投资、关系质量和机会主义行为有显著影响。深入分析可知,企业的人员规模是一个企业对外形象的重要展示途径。制造商通过对中间商企业人员规模的数据判断这家企业的实力从而作为是否进行专用性投资的一个重要依据。薛佳奇(2010)、高维和、黄佩(2008)在研究专用性投资时均注意到企业员工人数、行业属性等变量对结果的影响。在分析中也把这些变量作为控制变量处理。从前面的分析结果可知,企业人员规模对有形专用性投资、无形专用性投资、专用性投资不对等和关系质量具有显著的正相关,与机会主义行为有负相关关系,但不显著。这一结果表明,渠道双方的关系与人员规模有重大相关关系,企业人员规模和企业实力规模是高度关联的。推理可知,制造商进行专用性投资时,会根据企业人员规模决定专用性投资的额度、投入的人员、精力和其他投入。同时也发现,人员规模不仅对专用性投资、关系质量和机会主义行为有影响,而且不同水平的人员规模对各主要变量产生的影响程度也有差异性。不同人员规模对有形专用性投资和无形专用性投资的影响是不同的。对于人员比较少的中间商,无形专用性投资的影响比较弱,而对于人员规模比较大的中间商,无形专用性投资的影响会增强。同样的结果对关系质量也适用。这一发现给企业的启示是:对于人员规模大的企业,制造商需要同时重视有形专用性投资和无形专用性投资两个方面;对于人员规模比较小的中间商,制造商更应该通过有形专用性投资的方式增加双方的合作。

存续时间对专用性投资、关系质量和机会主义行为没有显著影响,且不同存续时间的企业也没有显著性差异。表明中间商的存续时间不是进行专用性投资的影响因素,也不是双方关系质量好坏的变量,不过企业存续时间如果和双方合作时间比较重合的话,就会影响企业关系质量的信任,但对机会主义行为也没有重要影响。制造商在进行专用性投资决策时可以不用考虑企业的存续时间,而机会主义行为的发生和企业的成长周期也没有关系。不过企业存续时间与专用性投资不对等有显著正相关关系,在竞争关系下,如果制造商考虑对一个中间商进行专用性投资以获得竞争优势的话,就会考虑企业的存续时间。

客户重要程度主要对无形专用性投资有显著影响,且是正相关的,对有形专用性投资、关系质量、机会主义行为没有显著影响。但是客户重要程度对机会主义行为有显著性差异,进一步分析发现,有显著性差异的题项主要是机会主义行为信息隐瞒和因权力依赖带来资源侵占。客户重要程度是一个结果变量,主要以客户对公司做出的经济贡献作为评价标准。所以客户重要程度不是一个前因变量,从这一方面也能看出,专用性投资和机会主义行为的发生机制是内部影响的结果。首先是专用性投资这一决策做出并实行后,机会主义行为才在各种因素的影响下发生。而客户重要程度作为一个结果变量不会起到重要作用,但是对企业进行感情维护来说是有必要的,故体现在无形专用性投资方面。

企业性质是一个企业归属性质的变量。统计结果发现,企业性质对专用性投资没有显著影响,对关系质量有显著影响,对关系质量各维度影响差异性不显著,但对机会主义行为有显著影响,且影响的方向是负相关。深入分析发现,企业性质中,国有企业、外资企业、三资企业、集体企业和私营企业中,越是企业性质私有化程度高的,关系质量越好。在中间商企业中,越是集体企业和私营企业越容易发生机会主义行为,国有企业、外资企业和三资企业由于企业属性、管理规范、纪律严格,反而不容易发生机会主义行为,契约精神良好。

行业竞争强度指标是从企业行业的角度分析竞争对企业各主要变量的影响。结果发现,行业竞争强度对专用性投资没有显著影响,但是对关系质量有显著影响,且对变量的各个维度影响具有差异性。行业竞争强度影响了关系质量的各个层面,如满意、承诺、信任、长期发展的意愿等,且行业竞争强度的不同对各个维度的影响也不同,且差异显著。行业竞争强度对机会主义行为也有显著性差异,进一步分析发现,有显著性差异的题项主要是机会主义行为的信息隐瞒、消极对待、权益侵占和品牌使用。

二、关系质量的中介效应研究结论

关系质量作为中介变量在专用性投资和机会主义行为之间发生作用,这是本研究的重要发现,专用性投资和机会主义行为之间存在中介变量的影响机制。

专用性投资分为有形专用性投资和无形专用性投资。从分析结果可知,有形专用性投资和无形专用性投资对关系质量的影响是不一致的,同时对关系质量的信任、承诺和长期合作意愿的影响也具有显著性差异。首先,有形专用性投资相对于无形专用性投资对渠道双方关系质量水平的提升作用更强,在没有有形专用性投资的前提下,无形专用性投资是无法发挥效果的。其次,有形专用性投资对中间商的信任有很好的效果,而无形专用性投资对增加中间商承诺有一定的作用。再次,有形专用性投资和无形专用性投资存在着交互效应,两者共同投入将会产生更为显著的影响效果。

不仅关系质量对机会主义行为有显著影响,关系质量的不同维度对机会主义行为的影响也是不同的。最明显的是有形专用性投资将会极大提升中间商对制造商的信任和承诺,但是信任和承诺两个维度比较重,信任对机会主义行为的影响要大于承诺。如果中间商对制造商有很高的信任度,则中间商发生机会主义行为的概率将大大降低。从信任产生的机制可知,信任来自对资源的依赖,从而可知有形的专用性投资最容易让中间商产生资源依赖。关系质量作为一个整体变量对机会主义行为存在显著影响。渠道双方关系质量越好,出现机会主义行为的概率越小;当关系质量因意外因素出现下降趋势时,机会主义行为发生的概率就会增大。根据深度访谈获知,发生机会主义行为的表现首先是信息的隐瞒和不真实反应,进而发展成为资源和资金无偿使用,最后发展成为议价、违约等行为。

关系质量在专用性投资和机会主义行为之间的中介角色是部分中介作用。专用性投资对机会主义行为有直接效应,专用性投资通过关系质量对机会主义行为有间接效应,通过对直接效应和间接效应的对比可知,通过关系质量实现的对机会主义行为的影响的占有较大比重,说明专用性投资对机会主义行为的影响有很大部分是通过关系质量实现的,从而确定出了专用性投资与机会主义行为之间的作用机制,关系质量是其中非常重要的一个环节。庄贵军、刘宇(2010)论证了交易专有资产可以降低机会主义行为,但是同时也承认专用性投资会带来机会主义行为。这是一个看似矛盾的结论,关系质量的出现可以更好地解释很多学者没有分析的一个内在机制问题。

三、专用性投资不对等的调节效应结论

作为竞争条件的一个变量,专用性投资不对等是研究专用性投资和关系质量关系的重要变量。通过加入专用性投资不对等变量,使原有的渠道合作关系面临新的形势,以考察关系演变的方向和结果。通过数据结果可知,专用性投资不对等在专用性投资和关系质量之间具有显著相关关系,且和专用性投资具有交互效应。根据调节变量的判断标准,专用性投资不对等在专用性投资和关系质量之间起到半调节效用,会影响专用性投资对关系质量的方向。薛佳奇、刘益(2011)和钱丽萍(2015)均从竞争的角度论证了专用性投资不对等带来的机会主义行为和对长期合作的影响。在概念模型中均把专用性投资不对等作为调节变量,不同的是这几位学者直接把专用性投资和机会主义行为、长期合作作为因果关系研究,没有设置中介变量,也得到了有显著影响的结论。

结合本书的思路,专用性投资不对等应该首先影响的是双方的关系质量,最终影响了机会主义行为的发生。通过把专用性投资分为两类去考察发现,受专用性投资不对等调节作用的影响比较大的是有形专用性投资与关系质量的关系,在竞争条件下,有可能使渠道双方关系质量的方向从良好变成恶化。相对而言,专用性投资不对等对无形专用性投资与关系质量的关系影响较小。进一步分析专用性投资不对等对关系质量不同维度的调节作用发现,有形专用性投资通过专用性投资不对等对信任和承诺均有显著的影响,且为反向调节。而无形专用性投资通过专用性投资不对等仅对承诺有一定的反向调节效应。同理专用性投资不对等在专用性投资和机会主义行为之间存在调节效应,但主要是对有形专用性投资起到调节作用,对无形专用性投资的调节效应则不显著。

四、专用性投资不对等和关系质量的联合效应研究结论

通过建立一个有调节的中介效应模型,分析结果发现:专用性投资受专用性投资不对等变量的调节作用,将影响关系质量的形态和走向,关系质量作为专用性投资和机会主义行为的中介变量,对机会主义行为发生的概率有显著性影响。联合效应的分析排除单独分析某一种效应的片面性,更好地考察了专用性

投资、专用性投资不对等、关系质量和机会主义行为之间的关系。通过模型再次发现有形专用性投资对关系质量、机会主义行为的关系是最为核心的。有形专用性投资既是导致机会主义行为发生的主要因素，也是减少机会主义行为的核心因素。同时有形专用性投资也是渠道双方关系质量的关键变量。无形专用性投资对关系质量有一定的影响，但是对机会主义行为的发生和降低并没有显著影响。所以无形专用性投资的价值更应该放在维护关系质量上。

第二节　理 论 贡 献

专用性投资从起源上看属于一个经济学术语，自从被学者们拿到营销中研究渠道关系管理，就产生了巨大的价值。从对以往研究的梳理中可知，研究最多的内容有三个方面：一是研究专用性投资对渠道关系管理带来的绩效和价值；二是研究专用性投资类型对渠道关系和合作的影响；三是研究专用性投资带来的机会主义行为以及治理机制。其中第三个方面的内容是研究最多的领域。本研究主要立足于专用性投资与机会主义行为的关系，重点探讨两者关系的影响机制和演变路径，在理论贡献方面主要有以下三点。

一、专用性投资类型对关系质量和机会主义行为的影响有差异性

通过把专用性投资分为有形专用性投资和无形专用性投资发现，有形专用性投资相对于无形专用性投资更有显著性。同时不同类型的专用性投资对关系质量维度的影响不同，最终对机会主义行为的影响也不同。通过分析得出了无形专用性投资不会带来机会主义行为，而且还能提高中间商承诺的可能性的结论。

二、关系质量是机会主义行为影响机制的重要中介变量

"关系质量"是专用性投资与机会主义行为之间的中介变量，对了解专用性投资和机会主义行为的内部机制和影响路径做了有效的尝试。营销渠道理论大致经历了渠道结构理论、渠道行为理论和渠道关系理论（Wilkinson，2001）三个阶段。专用性投资和机会主义行为的研究是在关系范式的范畴内进行更深层次的理论探讨。以往的大部分学者主要研究专用性投资与机会主义行为直接的效应关系和机会主义行为的治理机制，但是没有从专用性投资和机会主义行为两者发生的机理和路径上做出太多分析。本研究认为单纯的直接效应关系不足以

解决两者的深层次的问题,所以导致学者们对这一问题没有一致的结论,同时也没有找出不一致的原因。如 Achrol(1999)、刘益(2012)等学者认为由于专用性投资属性特点必然会带来机会主义行为,而另外一些学者如 Palmatier(2007)、高维和(2006)、王国才(2011)则认为专用性投资可以降低机会主义行为,或者两者之间不存在必然联系。这一研究局限还导致企业无法设计合理的治理机制来解决机会主义行为。而且大部分机会主义行为的治理机制都是从制度、规范、契约的层面去考虑的,忽略了机会主义行为的随机性和不可预测性,很难达到预期效果。从机会主义行为发生的路径分析,专用性投资与机会主义行为的结果存在多种方向,具体向哪个方向发展取决于两者的作用机制和影响因素,通过研究得知,关系质量将在作用机制中扮演极为重要的角色,是非常重要的影响因素。进一步分析,关系质量是专用性投资和机会主义行为的中间变量,且起到部分中介作用。

三、"竞争关系"是讨论专用性投资与机会主义行为的新视角

商业网络理论认为具有交易关系的两个目标企业并非孤立存在,其他参与者的活动或资源会部分地影响目标关系的互动情况和收益。竞争者是网络中的一个重要角色,会对目标关系发起竞争行为以保护和改善自身的竞争地位,从而对目标企业间的关系产生一定的影响。大部分学者在研究专用性投资和机会主义行为时主要是以渠道双方内部作为切入点,完全忽略了渠道双方的合作是在一个商业网络结构中产生的,外部其他角色的作用更容易对机会主义行为产生影响。

演化博弈理论认为,一个系统的均衡在外部因素的介入下,将会对原有的均衡产生影响,并根据不同的影响因素随着时间产生不同的演化结果。竞争关系是研究渠道关系的一个非常重要的外部变量,竞争环境和条件的变化必然对原有的渠道关系质量产生影响,从而提高或降低机会主义行为发生的概率,最终决定机会主义行为是否发生。因而从竞争关系这个外部变量来研究专用性投资与机会主义行为是研究思路的一次很好的尝试。

四、竞争关系下专用性投资与机会主义行为的路径和机理

本研究重点分析专用性投资与机会主义行为的路径和机理。在竞争关系视角下,制造商的专用性投资将会面临竞争者专用性投资的影响,中间商不再仅对原有制造商的专用性投资做评价,而且还把原有制造商的专用性投资与另外一家有竞争性的制造商的专用性投资进行比较。在此基础上将综合考虑其他因

素,如制造商的品牌知名度、服务等,得出的结论无论优与差都将影响中间商对关系质量的认知。这种判断将会决定中间商产生机会主义行为的概率。本书结合交易成本理论、商业网络理论、参照点理论和渠道关系理论等知识,在明确逻辑路径的基础上,主要分析各种变量之间的影响机制,找出专用性投资和机会主义行为之间的本源问题。

第三节　实 际 意 义

一、为制造商的专用性投资决策提供依据

目前企业在渠道关系管理中存在的比较突出的问题有:不知道是否该进行专用性投资、以何种专用性投资方式来保持与中间商哪种形式的合作、如何与竞争者争夺渠道资源,等等。这些问题已经严重影响了渠道关系和效益。本研究区分了专用性投资类型对关系质量的不同影响,并建立不同影响成立的条件,有利于制造商和中间商的专用性投资管理。研究结果表明:首先,专用性投资决策是一个复杂的综合性的问题,影响专用性投资演化结果的因素主要有初始投资成本、超额收益总额、超额收益分配比例和对超额收益的重视程度;其次,在专用性投资类型的选择上,应该选择进行有形专用性投资,仅进行无形专用性投资无法提升双方的关系质量,一旦有竞争者出现将会对原有合作关系产生影响;最后,对于专用性投资引起的机会主义行为,既要重视强机会主义行为,又要重视弱机会主义行为。弱机会主义行为是强机会主义行为发生的前奏,进行有形专用性投资以后,无形专用性投资要及时跟进,以增强中间商的满意度和承诺,从而减少机会主义行为的发生。

二、引导制造商从关注专用性投资转为关注专用性投资不对等问题

自从专用性投资成为制造商与中间商建立紧密渠道关系的重要手段,中间商的机会主义行为也伴随而来。制造商认为这种现象是双方内部合作关系出了问题所致,一般会采取契约约束、关系规范、增加投资等方式来巩固合作关系,但是最后双方的合作仍然没能有效地维持,甚至出现关系破裂和对簿公堂的现象。经过深入分析发现,中间商的机会主义行为很多是由外部原因造成的,是因为出现了竞争者和外部环境变化。引导制造商从关注自身专用性投资转为关注专用性投资不对等可使企业更加客观全面地认识机会主义行为发生的根源和本质,

从而能够制定有针对性的营销策略。对于企业关注专用性投资不对等，维持原有合作关系健康发展，要做好三项工作：一是增强和中间商的锁定效应，提高中间商或者双方的依赖度，增加中间商转换合作的成本；二是持续增加对原有合作关系的投入，保持与竞争对手的比较优势，因为开发一个新合作伙伴的成本远比维护一个老合作伙伴的成本高；三是创新合作模式，增加双方合作创造的超额利润，提升中间商的效益预期。

三、提醒制造商对于机会主义行为要注重关系质量管理

传统制造商为了维护与中间商的合作关系，除了进行专用性投资，还经常采用契约、关系规范、质押等方式。这些方式主要在事前和事后发生效用，但是对机会主义行为发生过程缺少了解，也不能在事中进行调解和控制。关系质量可以成为机会主义行为产生的方向标，通过对关系质量的维护提升专用性投资的价值，同时也能减弱或消除机会主义行为。要防范和抑制机会主义行为发生，企业在关系质量方面要注重四个问题：一是重视双方信任度的培养，合作的基础来自信任，信任来自中间商对企业实力的信心和对经济效益的追求，结合分享经济的到来，企业要重视企业产品的打造和效益分享模式的设计；二是承诺是抑制机会主义行为发生的重要环节，企业通过专用性投资应力求使合作关系通过契约和一体化等规范方式做出背书，将会有效地防止弱机会主义行为的发生；三是从社会交换理论角度，关系质量体现了交易的社会属性，机会主义行为是一种经济行为，经济行为的产生是经济属性和社会属性共同作用的结果。关系质量还要求企业要重视合作中的"社会人"角色，应通过私人感情、工作交流提升双方的满意度和信任度，从而减少机会主义行为的发生。

第四节　研究局限性

由于本书研究的主题渠道关系管理是一个比较窄的领域，且更加贴近企业的实务，是一个比较新的探索课题，加之可以参考的文献和使用的方法有限，导致研究有诸多不足之处。

一、实证研究的充分性

实证研究方面不够充分，样本选取有一定的缺陷，结论可能存在偏差。

一方面，在实证方面虽然建立了清晰的概念模型，但是基于目前的研究条件

和数据的可获得性,部分变量之间的关系无法通过现有的实证做出。另一方面,本研究的样本获取主要遵循便利性原则,没有严格按照随机性的原则进行抽取,行业来源也比较单一,主要来自红酒和服装行业,其他行业样本较少,代表性不足。

二、研究设计的完善性

整体研究设计有待完善、量表编制需要本土化。

专用性投资本身是一个经济学的概念,被移植到渠道关系管理中作为重要研究内容,需要兼容经济学、管理学、社会学等不同学科的内容,在研究设计中既要考虑到专用性投资的经济学属性,也要兼顾管理学、社会学等其他学科的特点,加上本书研究的中心是对机制和路径的研究,更加侧重于本质化的内容。要求研究设计必须考虑各方面的影响,本书在模型设计中,更多考虑到专用性投资的管理学、社会学属性,对经济学属性考虑得不多,在整体研究设计上存在一定的不足。同时在量表的编制和选取方面,大部分直接采用了国外量表,是从国外量表翻译、修订而成。由于中西方文化存在较大差异,国外的量表在中国企业环境下的适用性还有待于进一步验证,特别是无形专用性投资量表和机会主义行为量表,中西方存在着情景和内容上的差异性。因此在后续的研究中,应进一步开发和编制适用于中国情景的量表。

三、研究和统计方法的多元化

研究和统计方法过于单一,侧重问卷调研和量化处理,研究方法不够多元化。

本书在研究方法上主要采用了问卷调研和深度访谈的方式,统计方法主要采用了相关分析、回归分析和结构方程等方法,缺少对案例研究法和对比研究的采用。专用性投资对关系质量和机会主义行为的影响更是一个定性的问题,采用实地观察和长期跟踪法,效果会更好,受限于样本选取和研究难度,无法充分利用这些方式全面地分析,可能会导致一些结果存在,或者一些应有的结果没有被发现。

第五节　未　来　展　望

本书主要对专用性投资、关系质量和机会主义行为的机制和路径做了初步研究,得出了一些发现,但是相对于这个主题和内容来说这仅仅是一个开始。专用性投资与渠道关系未来的研究主要可以从以下几个方面开展。

一、从多角度、多维度研究专用性投资对渠道关系的影响

迄今为止这一课题的研究重点仍然放在专用性投资带来怎样的结果上,衡量结果的主要标准是行为和表现,很少研究专用性投资得出这些结果的机制和路径。所以目前得出的主要结论只有专用性投资能增加渠道关系的价值,能够促进双方的信任和承诺,加强进一步的合作,而且专用性投资一方不会采取机会主义行为;另外就是由于渠道成员依赖不对等和锁定效应,将会给专用性投资接受方带来机会主义行为。未来的研究应多从社会网络理论、资源依赖理论和演化博弈论的角度展开研究。在专用性投资的维度方面,往期研究一般只选两三个变量,且一般属于同性质的变量,未来研究应该增加更多的变量进入实证内容,如有形和无形专用性投资的细化问题。

二、进一步分析不同渠道阶段和渠道情景、专用性投资对渠道关系的影响

渠道阶段和渠道情景是研究渠道关系不可忽视的重要问题。一项专用性投资运用在开始期的渠道关系中和成熟期的渠道关系中所带来的效果是不同的。同样,在竞争激烈的行业和竞争宽松的行业,专用性投资的效用也是不一样的。把渠道关系周期和渠道情景变量作为调节变量和控制变量是专用性投资和渠道关系研究的一个重要方向。同时网络的嵌入性也是一个重要的因素,应给予充分的重视。

三、研究不同的渠道治理模式对专用性投资与机会主义行为关系的调节作用

专用性投资带来的机会主义行为,是现在渠道关系治理研究的重要内容。以往研究主要集中在契约和关系规范对机会主义行为的预防和约束上,但是由于对机会主义行为引发的原因没有一个系统全面的总结,导致这些治理模式得出的结论没有统一。未来的研究应把焦点集中在不同治理模式发挥效应的适用条件上。结合中国企业的生存环境,在治理模式的选择方面,加入私人关系、企业权力、社会关系网络等无形的因素来考察治理模式的效果,也是一个研究特色。

四、区分不同类型的专用性投资，探讨不同类型专用性投资对渠道关系的不同影响

现有的研究主要把专用性投资当作一个整体或者更加重视有形专用性投资的价值。所做的研究假设主要是基于有形专用性投资做出的，机会主义行为也是因专用资产的"贬值属性"而考虑的。随着知识经济、信息经济的发展和大数据时代的到来，无形专用性投资的形式和内容也将发生很大变化，专用性投资的"锁定效果"会大大减弱，现有的研究结论是否还适用，存在很大的不确定性。因此区分专用性投资的不同类型以及专用性投资的属性，以进一步明确不同类型专用性投资对渠道关系的不同影响效果和影响路径，将是一个很有价值的研究方向。

附　录

附录 A　渠道行为调研问卷

尊敬的先生/女士,您好!

我们是山东大学营销管理研究中心的研究人员,正在开展一项关于渠道管理的课题研究,您的意见和回答对我们的研究有很好的价值,本次调查仅为学术研究使用,我们将会对内容保密,非常感谢您的参与和帮助!

——山东大学营销管理研究中心

注意事项:问卷主要采用 7 级量表的形式提问,其中"1"代表非常不赞同,"2"代表不赞同,"3"代表比较不赞同,"4"代表中立,"5"代表比较赞同,"6"代表赞同,"7"代表非常赞同,勾选的数字代表您对问题的赞成程度。

Q1. 企业专用性投资	非常 不赞同	不 赞同	比较 不赞同	中立	比较 赞同	赞同	非常 赞同
Q11 制造商投入了大量资金来建立与我们的合作业务	1	2	3	4	5	6	7
Q12 制造商已经在我们产品的销售系统上投入了许多设施和支持	1	2	3	4	5	6	7
Q13 制造商为我们进行人员、产品和工作方案培训付出很多时间和精力	1	2	3	4	5	6	7
Q14 制造商为了满足我们的要求,更改了自身的业务流程和产品来鼓励我们完成目标	1	2	3	4	5	6	7
Q15 制造商的领导经常和我们进行业务和感情交流	1	2	3	4	5	6	7

Q1. 企业专用性投资	非常 不赞同	不 赞同	比较 不赞同	中立	比较 赞同	赞同	非常 赞同
Q16 制造商如果更换中间商,将无法收回他们对我们的投资	1	2	3	4	5	6	7
Q17 如果停止与我们合作,制造商将很难重新配置目前服务于我们的人员和设备	1	2	3	4	5	6	7
Q2. 中间商专用性投资	非常 不赞同	不 赞同	比较 不赞同	中立	比较 赞同	赞同	非常 赞同
Q21 我们为了和该制造商进行业务联系,需要进行大规模的工具和设备投资	1	2	3	4	5	6	7
Q22 为了满足制造商的业务联系需要,我们的销售系统需要进行改变	1	2	3	4	5	6	7
Q23 我们投入了可观的人力、技术和营销资源来完成与制造商的合作和业绩	1	2	3	4	5	6	7
Q24 配合制造商业务,我们进行认证和培训,导致了大量的时间和金钱支出	1	2	3	4	5	6	7
Q25 我们领导要花很大精力与制造商保持业务和感情沟通	1	2	3	4	5	6	7
Q26 如果终止与制造商的合作,我们将浪费与其品牌相关的大量产品和无形资产	1	2	3	4	5	6	7
Q27 如果停止与制造商合作,我们将很难重新配置与其业务往来的人员和设备	1	2	3	4	5	6	7
Q3. 制造商机会主义行为	非常 不赞同	不 赞同	比较 不赞同	中立	比较 赞同	赞同	非常 赞同
Q31 有时,制造商为了保护自身利益而隐瞒一些事情	1	2	3	4	5	6	7

续　表

Q3. 制造商机会主义行为	非常不赞同	不赞同	比较不赞同	中立	比较赞同	赞同	非常赞同
Q32 有时,制造商会承诺一些事情,但实际并没有做	1	2	3	4	5	6	7
Q33 制造商并不总是按照我们的协议办事	1	2	3	4	5	6	7
Q34 制造商有时会为了最大化自身利润,试图违反我们的一些非正式的协议事项	1	2	3	4	5	6	7
Q35 有时,制造商会为了获取自身利益,试图利用我们协议的漏洞	1	2	3	4	5	6	7
Q36 有时,制造商会利用一些意外事件,试图获取我们的让步	1	2	3	4	5	6	7
Q37 制造商利用我们本地化优势独自做品牌宣传和抢占市场	1	2	3	4	5	6	7
Q4. 中间商机会主义行为	非常不赞同	不赞同	比较不赞同	中立	比较赞同	赞同	非常赞同
Q41 我们有时会违反合同规定	1	2	3	4	5	6	7
Q42 我们有时没有按照合同要求在销售管理和人力等方面进行投资	1	2	3	4	5	6	7
Q43 我们偶尔在共享合同规定的关键信息时欺骗制造商	1	2	3	4	5	6	7
Q44 我们学会并掌握了制造商产品和方案的部分或全部关键资源	1	2	3	4	5	6	7
Q45 合作期间我们为了自身利益经常隐瞒一些关键商务信息	1	2	3	4	5	6	7
Q46 我们在当前关系中没有尽力合作	1	2	3	4	5	6	7
Q47 有时我们对制造商承诺了某些事,但后来没有真的去做	1	2	3	4	5	6	7

Q4. 中间商机会主义行为	非常不赞同	不赞同	比较不赞同	中立	比较赞同	赞同	非常赞同
Q48 我们会在交易关系中区别地对待不同制造商	1	2	3	4	5	6	7
Q49 我们不会做出调整来适应制造商的特殊要求	1	2	3	4	5	6	7
Q491 我们偶尔会用意外事件迫使制造商让步	1	2	3	4	5	6	7
Q492 我们为了达到与制造商合作或获得奖励的目的偶尔会夸大自身优势,并隐瞒一些不利信息	1	2	3	4	5	6	7
Q5. 关系质量	非常不赞同	不赞同	比较不赞同	中立	比较赞同	赞同	非常赞同
Q51 我们感觉和制造商是一家人,因此我们愿意和他们继续保持关系	1	2	3	4	5	6	7
Q52 即使其他制造商提供更好的交易条件,我们也不愿终止和该制造商的关系	1	2	3	4	5	6	7
Q53 我们和该制造商具有相似的经营理念,因此我们愿意和他们继续保持关系	1	2	3	4	5	6	7
Q54 我们希望和该制造商保持关系,是因为从他那里得到了较多的利润和收益	1	2	3	4	5	6	7
Q55 我们希望和该制造商保持关系,是因为终止和该制造商的关系将给我们带来惨重损失	1	2	3	4	5	6	7
Q56 我们希望和该制造商保持关系,是因为建立新的关系需要投入较多的资源和人力	1	2	3	4	5	6	7
Q57 我们相信该制造商会按时完成其答应的事情	1	2	3	4	5	6	7

Q5. 关系质量	非常 不赞同	不 赞同	比较 不赞同	中立	比较 赞同	赞同	非常 赞同
Q58 我们相信该制造商有能力完成其答应的事情	1	2	3	4	5	6	7
Q59 我们相信该制造商是因为它具有良好的信誉	1	2	3	4	5	6	7
Q591 我们相信即使环境发生变化,该制造商也愿意给予我们帮助和支持	1	2	3	4	5	6	7
Q592 在做出重大决策的时候,该制造商会考虑我们的利益	1	2	3	4	5	6	7
Q593 当我们告诉该制造商我们面临的问题时,他们能理解我们所遇到的困难	1	2	3	4	5	6	7
Q594 我们相信该制造商在未来会考虑其决策和行为对我们可能产生的影响	1	2	3	4	5	6	7
Q595 我们与该制造商的关系比较紧张	1	2	3	4	5	6	7
Q596 我们与该制造商在合作关系思路和规划中有很大的分歧	1	2	3	4	5	6	7
Q597 在有关如何处理业务的问题上我们经常与该制造商产生争执	1	2	3	4	5	6	7
Q598 我们和该制造商保持了三年以上的合作,关系稳固,且计划继续长期合作	1	2	3	4	5	6	7
Q6. 关系价值	非常 不赞同	不 赞同	比较 不赞同	中立	比较 赞同	赞同	非常 赞同
Q61 该制造商有长期交货的承诺	1	2	3	4	5	6	7
Q62 该制造商能够提供的产品种类较为齐全	1	2	3	4	5	6	7

Q6. 关系价值	非常不赞同	不赞同	比较不赞同	中立	比较赞同	赞同	非常赞同
Q63 该制造商提供的产品有较好的功能	1	2	3	4	5	6	7
Q64 该制造商经常帮助我们联系潜在的顾客	1	2	3	4	5	6	7
Q65 该制造商经常协助我们开发新的产品或服务	1	2	3	4	5	6	7
Q66 与该制造商的关系大大提高了我们员工队伍的稳定性	1	2	3	4	5	6	7
Q7. 专用性投资不对等	非常不赞同	不赞同	比较不赞同	中立	比较赞同	赞同	非常赞同
Q71 当其他制造商给我们的投资总体收益大丁原有合作制造商时,我们会考虑更换制造商	1	2	3	4	5	6	7
Q72 当其他制造商产品的前景更好(品牌知名度高、产品好、企业规模大等),且给我们一定的支持,即使给我们投资不多,我们也会考虑更换制造商	1	2	3	4	5	6	7
Q73 原有制造商即使给我们进行了投资(无形投资和有形投资),但是在合作过程中总是出现问题、服务不到位或者给我们造成损失,我们会考虑更换其他制造商	1	2	3	4	5	6	7

Q8. 贵公司员工人数

1. 3 人以下　　　2. 3～10 人　　　3. 11～30 人　　　4. 31～50 人　　　5. 51～100 人

6. 101～200 人　　7. 201 人以上

Q9. 贵公司存续时间

1. 2 年以下　　　2. 3～5 年　　　3. 6～10 年　　　4. 11～20 年　　　5. 20 年以上

Q10. 贵公司从主力制造商处每年采购额占公司总采购额的多少?

1. 10% 以下　　2. 11%～30%　　3. 31%～50%　　4. 51%～80%　　5. 80% 以上

Q11. 贵公司企业性质属于

1. 国有企业　　2. 外资企业　　3. 中外合资(作)企业

4. 集体企业　　　5. 私营企业　　　6. 其他

Q12. 贵公司行业竞争强度

1. 供过于求　　　2. 供需大体平衡　3. 供不应求　　　4. 垄断或特许经营行业

再次感谢您的参与,祝您工作愉快!

附录 B　渠道行为深度访谈问卷

尊敬的先生/女士,您好!

　　我们是山东大学营销管理研究中心的研究人员,正在开展一项关于渠道管理的课题研究,您的意见和回答对我们的研究有很好的价值,本次调查仅为学术研究使用,我们将会对内容保密,非常感谢您的参与和帮助!

——山东大学营销管理研究中心

问题 1. 贵公司与制造商合作几年了? 合作的满意度如何?

问题 2. 制造商对公司进行了哪些方面的投资? 有形的(如设备、产品、场地、物料、名牌制作等)有哪些? 无形的(如培训、工作手册、流程设计、工艺等)有哪些?

问题 3. 贵公司与制造商合作期间是否有过不恰当行为? 发生这些行为的原因是什么? 对后期合作产生了怎样的影响? 你们双方是如何解决的?

问题 4. 公司发生这些行为主要是基于经济因素的考虑吗？还有没有其他因素？这些因素对公司决策有怎样的影响？

问题 5. 公司如何看待合作中的机会主义行为？应该采取哪些措施去防范和解决？

问题 6. 如果有制造商竞争者出现，争取公司作为他们的合作伙伴，你们一般会采取怎样的态度？哪些因素会影响你们的决策？

问题 7. 公司一般怎么评价双方关系质量水平？这对公司是否发生机会主义行为有影响吗？

再次感谢您的参与，祝您工作愉快！

附录 C 悦庄会所月营收明细报表

单位：元

序号	会所名称	1月	2月	3月	4月	5月	6月	7月	8月	9月	10月	11月	12月
SD001	济南泉城店												
SD002	济南千佛山店												
SD003	济南历城店												
SD004	济南长青店												
SD005	济南章丘店												
SD006	临沂河东店												
SD007	临沂南坊店												
SD008	临沂罗庄店												
SD009	青岛崂山店												
SD010	青岛李沧店												
SD011	青岛市北店												
SD012	青岛城阳店												
SD013	烟台莱山店												
SD014	烟台牟平店												
SD015	烟台招远店												
SD016	烟台龙口店												
SD017	烟台蓬莱店												
SD018	威海高区店												
SD019	威海经区店												
SD020	威海环翠店												

序号	会所名称	1月	2月	3月	4月	5月	6月	7月	8月	9月	10月	11月	12月
SD021	威海荣成店												
SD022	威海文登店												
SD023	潍坊潍城店												
SD024	潍坊新区店												
SD025	泰安泰山店												
SD026	莱芜钢城店												
SD027	淄博周店店												
SH001	上海青浦店												
SH002	上海松江店												
SH003	上海长宁店												
SH004	上海金山店												
WZ001	温州瓯海店												
WZ002	温州洞头店												
WZ003	温州瑞安店												
WZ004	温州乐清店												
WZ005	温州龙湾店												
NB001	宁波北仑店												
NB002	宁波江东店												
NB003	宁波镇海店												
HZ001	湖州吴兴店												
HZ001	杭州富阳店												
XZ001	徐州云龙店												
XZ002	徐州贾汪店												
AH001	安徽萧县店												

附录 D 专用性投资评价表

有形专用性投资评价表

地区：_____ 会所名称：_____ 实验组别：_____ 月份：_____

有形专用性投资	评 分（满分10）
1.	
2.	
3.	
4.	
5.	
6.	

填写人：_____   职务：_____   日期：_____

无形专用性投资评价表

地区：_____ 会所名称：_____ 实验组别：_____ 月份：_____

无形专用性投资	评 分（满分10）
1.	
2.	
3.	
4.	
5.	
6.	

填写人：_____   职务：_____   日期：_____

关系质量(信任)评价表

地区：＿＿＿＿＿＿＿　会所名称：＿＿＿＿＿＿＿　实验组别：＿＿＿＿＿＿＿　月份：＿＿＿＿＿＿＿

关系质量	评　分(满分10)
1.	
2.	
3.	
4.	
5.	
6.	

填写人：＿＿＿＿＿＿＿　　职务：＿＿＿＿＿＿＿　　日期：＿＿＿＿＿＿＿

渠道销售中机会主义行为评价表

地区：＿＿＿＿＿＿＿　会所名称：＿＿＿＿＿＿＿　实验组别：＿＿＿＿＿＿＿　月份：＿＿＿＿＿＿＿

渠道销售中机会主义行为	评　分(满分10)
1.	
2.	
3.	
4.	
5.	
6.	

填写人：＿＿＿＿＿＿＿　　职务：＿＿＿＿＿＿＿　　日期：＿＿＿＿＿＿＿

参考文献

［1］陈博,于同申. 资产专用性、机会主义行为与纵向一体化——基于中澳铁矿石价格谈判的实证研究［J］. 经济与管理研究,2010(10)：109-114.

［2］戴丹. 从功利主义到现代社会交换理论［J］. 兰州学刊,2005(2)：197-199.

［3］丁晓杉. 基于演化博弈论的营销渠道合作竞争关系分析［J］. 商业时代,2010(2)：40-42.

［4］范高潮,刘莹. 渠道中的信任与供应商机会主义行为研究［J］. 生产力研究,2007(20)：123-125.

［5］范黎波,吴勇志,柳钢. 专用性投资、博弈扩张与企业网络形成［J］. 经济管理,2009(10)：80-86.

［6］高维和,黄沛. 基于信息传递机会主义行为的渠道联盟分析［J］. 系统管理学报,2009,18(5)：506-510.

［7］郭树民,刘文杰. 企业网络研究综述［J］. 当代经济管理,2009,31(8)：9-14.

［8］高维和,黄沛,王震国. 渠道投机治理机制研究新进展评介［J］. 外国经济与管理,2006,28(7)：31-38.

［9］高维和,余思勤,黄沛. 渠道销售中的机会主义——收益与损失［J］. 管理学报,2006,3(4)：450-454.

［10］高维和,黄沛,王震国. 信任与承诺：渠道和谐的柔性机制［J］. 华南农业大学学报(社会科学版),2005,4(4)：61-65.

［11］高展军. 依赖不对称渠道中影响战略对公平感知的影响［J］. 华东经济管理,2013(4)：168-172.

［12］姜翰. 非对称竞争对联盟成员机会主义行为倾向影响的实证研究——以我国运动用品(鞋服)制造业为例［J］. 南方经济,2007(10)：14-27.

［13］姜翰,金占明. 关系成员企业管理者社会资本水平其机会主义行为间关系的实证研究——以中外合资企业为例［J］. 南开管理评论,2008,11(4)：34-42.

［14］蒋青云. 营销渠道理论的"学习范式"研究［D］. 上海：复旦大学,2007.

［15］刘伟江,张朝辉. 电子商务中的机会主义、信任和合作［J］. 首都经济贸易大学学报,2008,10(6)：86-89.

［16］林俞利. 非对称组织间交易关系专用性投资与治理机制研究［D］. 天津：南开大学,2012.

[17] 马慧,杨德礼,陈大鹏. 供需双方渠道选择行为的演化博弈模型[J]. 科技与管理,2011,13(5):24-28.

[18] 刘益,钱丽萍,尹健. 供应商专项投资与感知的合作风险:关系发展阶段与控制机制的调节作用研究[J]. 中国管理科学,2006,14(1):30-36.

[19] 刘群慧,李丽. 关系嵌入性、机会主义行为与合作创新意愿——对广东省中小企业样本的实证研究[J]. 科学学与科学技术管理,2013(7):83-94.

[20] 刘益,曹英. 关系稳定性与零售商感知的机会主义行为——直接影响与供应商承诺的间接影响[J]. 管理学报,2006,3(1):64-69.

[21] 刘人怀,姚作为. 关系质量研究述评[J]. 外国经济与管理,2005,27(1):27-33.

[22] 李纲. 国内外渠道控制机制的研究述评[J]. 科学与管理,2009,29(3):9-12.

[23] 李纲. 国外渠道依赖的研究述评[J]. 商业时代,2009(25):32-33.

[24] 刘燕. 基于企业契约理论的机会主义行为分析[J]. 山西财经大学学报,2006,28(1):17-21.

[25] 李天宝. 基于演化博弈的采购联盟成员机会主义行为及防范机制分析[D]. 宁波:宁波大学,2012.

[26] 陆韶文. 交易成本观点下营销渠道内机会主义管理机制研究[D]. 杭州:浙江大学,2003.

[27] 刘婷,刘益. 交易专项投资对伙伴机会主义行为影响的实证研究[J]. 管理科学,2012,25(1):66-75.

[28] 刘益,陶蕾,王颖. 零售商的供应关系稳定性、信任与关系风险间的关系研究[J]. 预测,2009,28(1):36-41.

[29] 刘益,陶蕾. 零售商对供应商的信任、控制机制使用和价值创造之间的关系研究[J]. 管理工程学报,2007,21(1):61-66.

[30] 刘益,钱丽萍. 零售商态度承诺和供应商权力使用间的互动关系研究[J]. 科研管理,2006,27(6):130-135.

[31] 刘益,刘婷,王俊. 算计性承诺与忠诚性承诺的互动——作为关系长度与机会主义行为的中介[J]. 管理工程学报,2008,22(2):69-73.

[32] 刘益,李纲. 信任对分销商知识转移的影响——基于中国家电行业的实证研究[J]. 管理评论,2010,22(11):46-53.

[33] 李先国,王小洋. 渠道关系理论研究综述及发展趋势[J]. 经济学动态,2011(5):94-97.

[34] 李瑶,张磊楠,陶蕾. 如何利用社会关系来有效控制机会主义行为——基于外部环境不确定性的调节作用研究[J]. 商业经济与管理,2015(6):5-14.

[35] 李梦楠,贾振全. 社会网络理论的发展及研究进展评述[J]. 中国管理信息化,2014(3):133-135.

[36] 李萍. 双方机会主义对供应商关系满意度的影响——兼论供应商双向沟通感知的调节作用[J]. 商业时代,2013(24):26-28.

[37] 栾晓梅. 网络组织中的机会主义行为表现及成因分析[J]. 时代经贸:学术版,2008,6

(14)：144.

[38] 刘艳艳. 西方企业网络理论研究综述[J]. 经济地理，2011，31(3)：437－442.

[39] 梁守砚，张闯. 西方营销渠道权力理论研究综述[J]. 学习与实践，2009(8)：27－38.

[40] 梁颖琳，向家宇. 现代社会交换理论思想渊源述评[J]. 今日南国旬刊，2009(5)：218－220.

[41] 李正彪. 一个综述：国外社会关系网络理论研究及其在国内企业研究中的运用[J]. 经济问题探索，2004(11)：58－61.

[42] 刘佳. 营销渠道行为相关理论综述[J]. 商业时代，2007(21)：24.

[43] 马本江，解宇. 企业专用性投资资本与信号机制——兼论当前我国市场信用状况恶劣的原因[J]. 经济问题，2011(5)：92－96.

[44] 马迎贤. 资源依赖理论的发展和贡献评析[J]. 甘肃社会科学，2005(1)：116－119.

[45] 马迎贤. 组织间关系：资源依赖理论的历史演进[J]. 社会，2004(7)：33－38.

[46] 彭雷清，张丽娜. B2B情境下渠道间关系质量的影响因素研究[J]. 现代管理科学，2009(6)：43－44.

[47] 彭国红. 分销渠道结构理论演进及其分析[J]. 统计与决策，2009(15)：133－135.

[48] 彭雷清，张丽娜. 专用资产、关系规范对渠道中机会主义行为影响的实证研究[J]. 广东商学院学报，2008(6)：31－37.

[49] 彭雷清，吴单. 专用资产投资、依赖不对称性对分销商战略信息分享的影响[J]. 广东商学院学报，2012(3)：58－65.

[50] 钱丽萍，高伟，任星耀. 供应商专项投资对经销商长期导向的影响[J]. 管理评论，2014，26(6)：163－176.

[51] 孙元欣，于茂荐. 关系契约理论研究述评[J]. 学术交流，2010(8)：117－123.

[52] 钱丽萍，任星耀. 渠道关系中专项投资不对等与机会主义行为间关系研究——正式化、参与与私人关系的调节作用[J]. 管理评论，2012，24(10)：73－84.

[53] 钱丽萍，罗小康，杨翩翩. 渠道控制机制如何抑制关系退出倾向——兼论竞争强度的调节作用[J]. 外国经济与管理，2015，37(6)：83－96.

[54] 任星耀，朱建宇，钱丽萍，等. 渠道中不同机会主义的管理：合同的双维度与关系规范的作用研究[J]. 南开管理评论，2012，15(3)：12－21.

[55] 任星耀，廖隽安，钱丽萍. 相互依赖不对称总是降低关系质量吗？[J]. 管理世界，2009(12)：92－105.

[56] 孙良国. 关系契约理论导论[M]. 北京：科学出版社，2008.

[57] 盛亚，王节祥. 利益相关者权利非对称、机会主义行为与CoPS创新风险生成[J]. 科研管理，2013，34(3)：31－40.

[58] 寿志钢，苏晨汀，周晨. 商业圈子中的信任与机会主义行为[J]. 经济管理，2007(11)：66－70.

[59] 邵昶，蒋青云. 营销渠道理论的演进与渠道学习范式的提出[J]. 外国经济与管理，2011，33(1)：50－58.

［60］ 盛亚,张文静. 资产性质、权力-依赖关系对机会主义行为的影响［J］. 科技进步与对策,
2014(23)：22 - 27.

［61］ 陶蕾,刘益,张志勇. 态度承诺对关系价值影响作用的实证研究［J］. 商业经济与管理,
2008,195(1)：52 - 56.

［62］ 唐红涛. 营销渠道关系研究［D］. 湘潭：湘潭大学,2005.

［63］ 唐鸿. 营销渠道权力对渠道关系质量影响的实证分析［J］. 软科学,2009,23(11)：
140 - 144.

［64］ 魏旭光,康凯,张志颖,等. 生产型企业间信任对合作满意度的影响研究——关系专用性
投资的中介作用［J］. 预测,2013,32(2)：42 - 48.

［65］ 王国才,郑祎,王希凤. 不同类型关系专用性投资对中小企业能力升级的影响研究［J］.
科学学与科学技术管理,2013,34(5)：142 - 151.

［66］ 吴文娟. 关系质量评估的研究范畴、方法与展望［J］. 武汉大学学报(哲学社会科学版),
2005,58(6)：795 - 800.

［67］ 王颖,王方华. 关系治理中关系规范的形成及治理机理研究［J］. 软科学,2007,21(2)：
67 - 70.

［68］ 武志伟,陈莹. 关系专用性投资、关系质量与合作绩效［J］. 预测,2008,27(5)：33 - 37.

［69］ 王开弘,厂川. 基于进化博弈理论的分销渠道合作分析研究［J］. 华东经济管理,2010,24
(10)：126 - 130.

［70］ 吴启双. 渠道公平对投机主义行为的影响研究［D］. 大连：东北财经大学,2011.

［71］ 王国才,赵彦辉. 渠道机会主义行为研究理论框架及管理建议［C］,2009.

［72］ 吴小平. 西方营销渠道理论综述［J］. 商业经济,2005(1)：86 - 88.

［73］ 王颖,王方华. 营销渠道理论研究的范式演变与最新进展［J］. 市场营销导刊,2006(6)：
23 - 26.

［74］ 王立磊. 营销渠道中机会主义行为治理机制研究综述［J］. 商业时代,2015(2)：63 - 65.

［75］ 薛佳奇,刘益,张磊楠. 竞争关系下制造商专项投资对分销商机会主义行为的影响［J］.
管理评论,2011,23(9)：76 - 85.

［76］ 杨慧,周晶,易余胤. 供应链上机会主义行为的演化博弈分析［J］. 运筹与管理,2005,14
(5)：55 - 58.

［77］ 杨丹. 关系营销的经济学理论框架［J］. 当代经济研究,2004(10)：53 - 55.

［78］ 姚作为. 关系质量的关键维度——研究述评与模型整合［J］. 科技管理研究,2005,25
(8)：132 - 137.

［79］ 易余胤,肖条军,盛昭瀚. 合作研发中机会主义行为的演化博弈分析［J］. 管理科学学报,
2005,8(4)：80 - 87.

［80］ 叶明海,张丽萍. 基于演化博弈的汽车渠道企业合作优化方法［J］. 哈尔滨工业大学学报
(社会科学版),2006,8(2)：124 - 127.

［81］ 于坤章,梁承献. 渠道权力理论研究动态探析［J］. 北京工商大学学报(社会科学版),
2005,20(5)：23 - 27.

[82] 易余胤. 商业活动中机会行为的演化分析[J]. 商业研究,2009(6):23-25.

[83] 杨爱军. 私人关系对渠道合同影响的实证研究[D]. 武汉:武汉科技大学,2009.

[84] 严兴全,周庭锐,李雁晨. 信任、承诺,关系行为与关系绩效:卖方视角[J]. 管理学报,2010,7(7):1032-1038.

[85] 杨祯慧. 营销渠道中关系承诺研究综述[J]. 现代商贸工业,2011,23(1):118-120.

[86] 张剑渝,王立磊,苏晨汀,等. "关系"取向对渠道成员机会主义行为的影响研究[A]. 中国市场营销国际学术年会[C]. 北京,2014.

[87] 郑志刚. 产权作为提供专用性投资激励机制的缺陷和通路管制理论[J]. 南开经济研究,2001(6):10-16.

[88] 张广玲,武华丽. 关系价值、关系质量与顾客保留的关系研究[J]. 武汉理工大学学报(社会科学版),2007,20(6):796-800.

[89] 张广玲. 关系结合方式及关系品质对顾客自发行为的影响[J]. 经济管理,2005(6):33-41.

[90] 周鑫华. 关系营销理论模型综述[J]. 商业研究,2010(10):17-25.

[91] 邹丹枫. 基于演化博弈论的零售商与供应商的合作关系研究[D]. 武汉:华中科技大学,2011.

[92] 祝足,黄培青. 企业中存在机会主义行为的原因及其影响[J]. 系统工程学报,1997(3):57-63.

[93] 张闯,张涛,庄贵军. 渠道关系强度对渠道权力应用的影响——关系嵌入的视角[J]. 管理科学,2012,25(3):56-68.

[94] 庄贵军,刘宇. 渠道投机行为的相互性以及交易专有资产的影响[J]. 管理科学,2010,23(6):43-52.

[95] 庄贵军. 权力、冲突与合作:西方的渠道行为理论[J]. 北京工商大学学报(社会科学版),2000(1):8-11.

[96] 周志娟,金国婷. 社会交换理论综述[J]. 中国商界,2009(1):27-32.

[97] Achrol RS, Gundlach GT. Legal and Social Safeguards against Opportunism in Exchange[J]. Journal of Retailing, 1999,75(1):107-124.

[98] Alaghehbanda F K, Rivarda S, Wub S, et al. An Assessment of the Use of Transaction Cost Theory in Information Technology Outsourcing[J]. The Journal of Strategic Information Systems, 2011, 20(2):125-138.

[99] Arndt S. Production Networks in an Economically Integrated Region[J]. ASEAN Economic Bulletin, 2001, 18(1):24-34.

[100] Atkinson J. Manpower Strategies for Flexible Organizations [J]. Personal Management, 1984(8):28-31.

[101] AKsel I, Rokkan, Jan B. Specific Investments in Marking-Relationships: Expropriation and Bonding Effects[J]. Journal of Marketing, 2003(5):210-224.

[102] Wa, Guanxi, and Inhw a: Managerial Principles in Japan, China, and Korea[J].

Business Horizons, 1989 (32): 26 - 31.

[103] Anderson E, Weitz B. The Use of Pledges to Build and Sustain Commitment in Distribution Channel[J]. Journal of Marketing Research, 1992, 29(1): 18 - 34.

[104] Anderson E. The Salesperson as Outside Agent or Employee: Atransaction Cost Analysis[J]. Marketing Science, 1985, 4(3): 234 - 254.

[105] Anderson E, Jap S D. The Dark Side of Close Relationships [J]. MIT Sloan Management Review, 2005, 46(3): 75 - 82.

[106] Anderson E. Transaction Costs as Determinants of Opportunism in Integrated and Independent Sales Forces[J]. Journal of Economic Behavior and Organization, 1988, 9 (3): 247 - 264.

[107] Anderson J C, Narus J A. A Model of the Distributor's Perspective of Distributor-Manufacturer Working Relationships[J]. Journal of Marketing, 1984, 48(4): 62 - 74.

[108] Artz KW. Buyer-Supplier Performance: The Role of Asset Specificity, Reciprocal Investments and Relational Exchange[J]. British Journal of Management, 1999(10): 113 - 126.

[109] Artz K W, Brush T H. Asset Specificity, Uncertainty and Relational Norms: An Examination of Coordination Costs in Collaborative Strategic Alliances[J]. Journal of Economic Behavior and Organization, 2000, 41(3): 337 - 362.

[110] Adams J S. Inequity in Social Exchange[A]. In L. Berkowitz (Ed.) Advances in experimental and social psychology[C]. New York, 1965.

[111] Amin A. Moving on: Institutionalism in Economic Geography[J]. Environment and Planning A, 2001, 33: 1237 - 1241.

[112] Bergen M, Dutta S, Walker Jr, O C. Agency Relationships in Marketing: A Review of the Implications and Applications of Agency and Related Theories[J]. Journal of Marketing, 1992, 56(3): 1 - 24.

[113] Bradach J L, Eccles R G. Price, Authority and Trust: From Ideal Types to Plural Forms[J]. Annual Review of Sociology, 1989(15): 97 - 118.

[114] Buvik A, John G. When does Vertical Coordination Improve Industrial Purchasing Relationships? [J]. Journal of Marketing, 2000, 64(4): 52 - 64.

[115] Blumberg B F. Coorperation Contracts Between Embedded Firms[J]. Organization Studies, 2001, 22(5): 825 - 852.

[116] Brad B, Johne B. Networks and Entrepreneurial Development: The Shadow of Borders [J]. Entrepreneurship & Regional Development, 1993(5): 101 - 116.

[117] Blois K. Transaction Costs and Networks[J]. Strategic Management Journal, 1990 (11): 493 - 496.

[118] Blois, K. The Boundaries of the Firm—A Question of Interpretation? [J]. Industry and Innovation, 2006, 13(2): 135 - 150.

[119] Bray C. Whitehall to Avoid Prosecution[N]. Wall Street Journal, 2004 - 09 - 29(B3).

[120] Bathelt H, Taylor M. Cluster, Power and Place: Inequality and Local Growth in Time-space[J]. Geografiska Annaler, 2002, 84(2): 93 - 109.

[121] Bamford J, Ernst D. Managing an Alliance Portfolio. McKinsey Quarterly, 2002(3): 29 - 39.

[122] Baker P. Small Firms, Industrial Districts and Power Asymmetries[J]. International Journal of Entrepreneurial Behavior & Research, 1995, 1(1): 8 - 25.

[123] Best M H. The New Competition: Institutions of Industrial Restructuring [M]. Cambridge: Polity Press, 1990.

[124] Brown J R, Dev C S, and Lee D J. Managing Marketing Channel Opportunism: The Efficancy of Alternative Governance Mechanisms[J]. Journal of Marketing, 2000(64): 51 - 56.

[125] Buvik A, Reve T. Inter-Firm Governance and Structural Power in industrial Relationships: The Moderating Effect of Bargaining Power on the Contractual Safeguarding of Specific Asserts[J]. Scandinavian Journal of Management, 2002(18): 261 - 284.

[126] Crosno J L, Dahlstrom R. A Meta-analytic Review of Opportunism in Exchange Relationships[J]. Journal of the Academy of Marketing Science, 2008, 36 (2): 191 - 201.

[127] Crosno J L, Manolis C, Dahlstrom R. Toward Understanding Passive Opportunism in Dedicated Channel Relationships[J]. Marketing Letters, 2013, 24(4): 353 - 368.

[128] Claro D P, Claro P B O, Hagelaar G. Coordinating Collaborative Joint Efforts with Suppliers: The Effects of Trust, Transaction Specific Investments and Information Network in the Dutch Flower Industry [J]. Supply Chain Management: An international Journal, 2006, 11(3): 216 - 224.

[129] Chen K Y, Murat K, Ozer O. Dual Sales Channel Management with Service Competition[J]. Manufacturing and Service Operations Management, 2008, 10(4): 654- 675.

[130] Carr J B, Brower R S. Principled Opportunism: Evidence from the Organizational Middle[J]. Public Administration Quarterly, 2000, 24(1): 109 - 138.

[131] Cavinato J L, Kauffman R G. The Purchasing Handbook[M]. New York: McGraw-Hill, 2000.

[132] Cavusgil S T, Deligonul S, Zhang C. Curbing Foreign Distributor Opportunism: An Examination of Trust, Contracts, and the Legal Environment in International Channel Relationships[J]. Journal of International Marketing, 2004, 12(2): 7 - 27.

[133] Coase R. The Nature of the Firm[J]. Economica, 1937, 4(16): 386 - 405.

[134] Corsten D, Kunmar N. Do Suppliers Benefit from Collaborative Relationships with

Large Retailers? [J]. An Empirical Investigation of Efficient Consumer Response Adoption[J]. Journal of Marketing, 2005. 69(3): 80 – 94.

[135] CAI GS. Channel Selection and Coordination in Dual-channel Supply Chains[J]. Journal of Retailing, 2010, 86(1): 22- 36.

[136] Cooke P, Morgan K. The Network Paradigm: New Departures in Corporate and Regional Development[J]. Environment and Planning D: Society and Spaces, 1993, 11 (5): 543 – 564.

[137] Celly KS, Spekman RE, Kamauff JW. Technological Uncertainty, Buyer Preferences and Supplier Assurances: An Examination of Pacific Rim Purchasing Arrangements [J]. Journal of International Business Studies, 1999, 30(2): 297 – 316.

[138] Claro D P, Claro P B O, Hagelaar G. Coordinating Collaborative Joint Efforts with Suppliers: The Effects of Trust, Transaction Specific Investments and Information Network in the Dutch Flower Industry [J]. Supply Chain Management: An International Journal, 2006, 11(3): 216 – 224.

[139] Cui N, Wen N, Xu L, et al. Contingent Effects of Managerial Guanxi on New Product Development Success[J]. Journal of Business Research, 2013, 66(12): 2522 – 2528.

[140] Cannon J P, Doney P M, Mullen M R, et al. Building Long-term Orientation in Buyer-Supplier Relationships: The Moderating Role of Culture[J]. Journal of Operations Management, 2010, 28(6): 506 – 521.

[141] Corsten D, Kunmar N. Do Suppliers Benefit from Collaborative Relationships with Large Retailers? An Empirical Investigation of Efficient Consumer Response Adoption [J]. Journal of Marketing, 2005, 69(3): 80 – 94.

[142] Crosno J L, Dahlstrom R. A Meta-analytic Review of Opportunism in Exchange Relationships[J]. Journal of the Academy of Marketing Science, 2008, 36 (2): 191 – 201.

[143] Cao M M, Tong N W. Stratifying and Tailoring HbA1c Control Targets for Adults with Type 2 Diabetes: Interpretation of the Consensus Proposed by the Chinese Society of Endocrinology[J]. Journal of Diabetes, 2011, 3(3): 201 – 207.

[144] Cyert R M, March J G. A Behavioral Theory of the Firm[M]. Englewood Cliffs, NJ: Prentice-Hall, 1963.

[145] Dwyer F R, Oh S. Output Sector Munificence Effects on the Internal Political Economy of Marketing Channels[J]. Journal of Marketing Research, 1987, 29(4): 347 – 358.

[146] Dwyer F R, Schurr P H, Oh S. Developing Buyer-seller Relationships[J]. Journal of Marketing, 1987, 51(2): 11 – 27.

[147] Dyer JH, Singh H. The Relational View: Cooperative Strategy and Source of Interorganizational Competitive Advantage[J]. Academy of Management Reviews, 1998, 23(4): 660 – 679.

[148] Dahlstrom R, Boyle B A. Behavioral Antecedents to Intrinsic Motivation in Capital Equipment Exchange Relationships[J]. Journal of Applied Business Research, 1994, 10(2): 51 - 63.

[149] Dahlstrom R, Nygaard A. An Empirical Investigation of Expost Transaction Costs in Franchised Distribution Channels [J]. Journal of Marketing Research, 1999, 36 (2): 160 - 170.

[150] Deeds D L, Hill C W L. An Examination of Opportunistic Action within Research Alliances: Evidence from the Biotechnology Industry [J]. Journal of Business Venturing, 1999, 14(2): 141 - 163.

[151] Dickerson C M. Virtual Organizations: From Dominance to Opportunism[J]. New Zealand Journal of Industrial Relations, 1998, 23(2): 35 - 46.

[152] Dutta S, Bergen M, John G. The Governance of Exclusive Territories When Dealers can Bootleg[J]. Marketing Science, 1994, 13(1): 83 - 99.

[153] Dennis M. Innovation Networks and Territorial Dynamics: A Tentative Typology, Patterns of Network Economy[M]. New York: Springer Verlag, 1993.

[154] Dyer JH. Effective Interfirm Collaboration: How Firms Minimize Transaction Costs and Maximize Transaction Value[J]. Strategic Management Journal 1997, (18): 536 - 556.

[155] Dyer JH, Singh H. The Relational View: Cooperative Strategy and Source of Interorganizational Competitive Advantage[J]. Academy of Management Reviews, 1998, 23(4): 660 - 679.

[156] Emerson R M. Power-dependence Relations[J]. American Sociological Review, 1962 (27): 31 - 41.

[157] Edward L. Flexible Employment: Positive Work Strategies for the 21st Century[J]. Journal of Labor Research, 1996, 17(4): 555 - 566.

[158] Ernst D, Kim L. Global Production Networks, Knowledge Diffusion, and Local Capability Formation[J]. Research Policy, 2002, 31(8): 1417 - 1429.

[159] Fama E F. Agency Problems and the Theory of the Firm[J]. Journal of Political Economy, 1980, 88(2): 288 - 307.

[160] Farris M T II, Hutchison P D. Measuring Cash to Cash Performance[J]. International Journal of Logistics Management, 2003, 14(2): 83 - 91.

[161] Ferguson R J, Paulin M, Bergeron J. Contractual Governance, Relational Governance, and the Performance of Interfirm Service Exchanges: The Influence of Boundary-spanner Closeness[J]. Journal of the Academy of Marketing Science, 2005, 33(2): 217 - 234.

[162] Gilliland D, Bello DC. Two Side to Attitudinal Commitment: The Effect of Calculative and Loyalty Commitment on Enforcement Mechanisms in Distribution Channels[J].

Journal of Academy of Marketing Science，2002，30：24－43.

[163] Granovetter M. Economic Action and Social Structure：The Problem of Embeddedness [J]. The American Journal of Sociology，1985，91(3)：481－510.

[164] Grossman SJ，Hart OD. The Costs and Benfits of Ownership：A Theory of Vertical and Lateral Integritation[J]. Journal of Political Economy，1986，94(4)：691－719.

[165] Geyskens I，Steenkamp J-B E M，Kumar N. Generalizations about Trust in Marketing Channel Relationships using Meta-analysis[J]. International Journal of Research in Marketing，1998，15，223－248.

[166] Geyskens I，Steenkamp J-B E M，Kumar N. A Metaanalysis of Satisfaction in Marketing Channel Relationships[J]. Journal of Marketing Research，1999，36(2)：223－238.

[167] Ghosh M，John G. Governance Value Analysis and Marketing Strategy[J]. Journal of Marketing，1999(63)：131－145.

[168] Grabher G. The Embedded Firm：On the Socio-economics of Industrial Networks[M]. London：Routledge Inc.，1993.

[169] Gulati R. Alliances and Networks[J]. Strategic Management Journal，1998，19(4)：293－317.

[170] Gereffi G. Global Commodity Chains：New Forms of Coordination and Control among Nations and Firms in International Industries[J]. Competition and Change，1996(1)：427－439.

[171] Gereffi G，Humphrey J，Sturgeon T. The Governance of Global Value Chains[J]. Review of International Political Economy，2005，12(1)：78－104.

[172] Greenberg J. Organizational Justice：Yesterday，Today，and Tomorrow[J]. Journal of Applied Business Research，1990，16(2)：399－432.

[173] Gordon M. Beyond Soft Institutionalism：Accumulation，Regulation，and their Geographical Fixes[J]. Environment and Planning A，2001，33：1145－1167.

[174] Gundlach G T，Cadotte E R. Exchange Interdependence and Interfirm Interaction：Research in a Simulated Channel Setting[J]. Journal of Marketing Research，1994，31(4)：516－532.

[175] Gassenheimer J B，Baucus D B，Baucus M S. Cooperative Arrangements among Entrepreneurs：An Analysis of Opportunism and Communication in Franchise Structures[J]. Journal of Business Research，1996，36(1)：67－79.

[176] Gilliland D I，Manning K C. When do Firms Conform to Regulatory Control? The Effect of Control Processes on Compliance and Opportunism[J]. Journal of Public Policy and Marketing，2002，21(2)：319－331.

[177] Gruen T W，Shah R H. Determinants and Outcomes of Plan Objectivity and Implementation in Category Management Relationships[J]. Journal of Retailing，2000，

76(4): 483 - 510.

[178] Gundlach G T, Achrol R S, Mentzer J T. The Structure of Commitment in Exchange [J]. Journal of Marketing, 1995, 59(1): 78 - 92.

[179] Heide J B, John G. Do Norms Matter in Marketing Relationships[J]. Journal of Marketing, 1992, 56(4): 32 - 44.

[180] Helper S, MacDuffie J P, Sabel C. Pragmatic Collaborations: Advancing Knowledge while Controlling Opportunism[J]. Industrial and Corporate Change, 2000, 9(3): 443 - 488.

[181] Hill C W. Cooperation, Opportunism, and the Invisible Hand: Implications for Transaction Cost Theory[J]. Academy of Management Review, 1990, 15 (3): 500 - 513.

[182] Heide J B. Interorganizational Governance in Marketing Channels[J]. Journal of Marketing, 1994, 58(1): 71 - 85.

[183] Harrison B. Industrial Districts: Old Wine in New Bottles[J]. Regional Studies, 1992, 26: 469 - 483.

[184] Hunter J E, Schmidt F L. Methods of Meta-analysis: Correcting Error and Bias in Research Findings[M]. Newbury Park, CA: Sage,1990.

[185] Hollingsworth J, Boyer R. Contemporary Capitalism: The Embeddedness of Institutions[M]. Cambridge: Cambridge University Press, 1997.

[186] Hanfield RB, Bechtel C. The Role of Trust and Relationship Structures in Improving Supply Chain Responsiveness [J]. Industrial Marketing Management, 2002, 31: 367 - 382.

[187] Handley S M, Benton W C. The Influence of Exchange Hazards and Power on Opportunism in Outsourcing Relationships[J]. Journal of Operations Management, 2012, 30(1 - 2): 55 - 68.

[188] Hwang P. Asset Specificity and the Fear of Exploitation[J]. Journal of Economic Behavior and Organization, 2006, 60(4): 423 - 438.

[189] Heide J B, Wathne K H, Rokkan A I. Interfirm Monitoring, Social Contracts, and Relationship Outcomes[J]. Journal of Marketing Research, 2007, 64(8): 425 - 433.

[190] Heide JB, John G. Alliances in Industrial Purchasing: The Determinants of Joint Actions in Buyer-Supplier Relationships[J]. Journal of Marketing Research, 1990, 27 (1): 24 - 36.

[191] Heide J B, Wathne K H, Rokkan A I. Interfirm Monitoring, Social Contracts, and Relationship Outcomes[J]. Journal of Marketing Research, 2007, 64(8): 425 - 433.

[192] Hwang P. Asset specificity and the fear of exploitation[J]. Journal of Economic Behavior and Organization, 2006, 60(4): 423 - 438.

[193] Hakansson H, Snehota P. Developing Relationships in Business Networks [M].

London: Routledge Inc., 1995.

[194] Humphrey J, Schmitz H. Governance and Upgrading: Linking Industrial Cluster and Global Value Chain Research[M]. Institute of Development Studies, 2000.

[195] Hawkins T G, Wittmann C M, Beyerlein M M. Antecedents and Consequences of Opportunism in Buyer-supplier Relations: Research Synthesis and New Frontiers[J]. Industrial Marketing Management, 2008, 37(8): 895 – 909.

[196] Hillman A J, Withers M C, Collins B J. Resource Dependence Theory: A Review[J]. Journal of Management, 2009, 35(6): 1404 – 1427.

[197] Jap S D. Pie Expansion Efforts: Collaboration Processes in Buyersupplier Relationships [J]. Journal of Marketing Research, 1999, (36): 461 – 475.

[198] Jap S D, Ganesan S. Control Mechanisms and the Relationship Life Cycle: Implications for Safeguarding Specific Investments and Developing Commitments[J]. Journal of Marketing Research, 2000, 37(2): 227 – 245.

[199] Jap S, Anderson E. Safeguarding Interorganizational Performance and Continuity under Expost Opportunism[J]. Management Science, 2003, 49(12): 1684 – 1701.

[200] Joskow PL. Contract Duration and Relationship Specific Investments: Empirical Evidence from Coal Markets[J]. The American Economic Review, 1987, 77(1): 168 – 185.

[201] Joshi AW, Stump RL. The Contingent Effect of Specific Asset Investment on Joint Action in Manufacturer-Supplier Relationships: An Empirical Test of the Moderating Role of Reciprocal Asset Investments, Uncertainty, and Trust[J]. Journal of the Academy of Marketing Science, 1999, 27(3): 291 – 305.

[202] Jarillo J C. On Strategic Networks. Strategic Management Journal, 1988(9): 31 – 41.

[203] John G. An empirical Investigation of Some Antecedents of Opportunism in a Marketing Channel[J]. Journal of Marketing Research, 1984, 21(3): 278 – 289.

[204] Johnson J L, Cullen J B, Sakano T. Opportunistic Tendencies in IJVs with the Japanese: The Effects of Culture, Shared Decision Making, and Relationship Age[J]. International Executive, 1996, 38(1): 79 – 94.

[205] Joshi A W, Arnold S J. The Impact of Buyer Dependence on Buyer Opportunism in Buyer-supplier Relationships: The Moderating Role of Relational Norms [J]. Psychology and Marketing, 1997, 14(8): 823 – 845.

[206] Joshi A W, Stump R L. Determinants of Commitment and Opportunism: Integrating and Extending Insights from Transaction Cost Analysis and Relational Exchange Theory[J]. Canadian Journal of Administrative Sciences, 1999, 16(4): 334 – 352.

[207] Joskow P L. Contract Duration and Relationship-specific Investments: Empirical Evidence from Coal Markets[J]. American Economic Review, 1987, 77(1): 168 – 185.

[208] JoM-S. Controlling Social-desirability Bias via Method Factors of Direct and Indirect

Questioning in Structural Equationmodels[J]. Psychology and Marketing, 2000, 17 (2): 137-148.

[209] John G. An Empirical Investigation of Some Antecedents of Opportunism in a Marketing Channel[J]. Journal of Marketing, 1984, 21(3): 278-289.

[210] Jianhui W, Zhi Z, Audun B. An Evolutionary Game Approach to Analyzing Bidding Strategies in Electricity Markets with Elastic Demand[J]. Energy, 2011, 36: 3459-3467.

[211] Johannisson B, Pasillas M. The Institutional Embeddedness of Local Inter-firm Networks: A Leverage for Business Creation [J]. Entrepreneurship & Regional Development, 2002(14): 297-315.

[212] John G, Reve T. The Reliability and Validity of Key Informant Data from Dyadic Relationships in Marketing Channels[J]. Journal of Marketing Research, 1982, 19(4): 517-524.

[213] Konovsky M A, Cropanzano R. Perceived Fairness of Employee Drug Testing as a Predictor of Employee Attitudes and Job Performance [J]. Journal of Applied Psychology, 1991, 76(5): 698-707.

[214] Kaplinsky R, Morris M. A Handbook of Value Chain Research[R]. Working Paper Prepared for the IDRC, 2001.

[215] Kohtamäki M, Vesalainen J, Henneberg S, et al. Enabling Relationship Structures and Relationship Performance Improvement: The Moderating Role of Relational Capital [J]. Industrial Marketing Management, 2012, 41(8): 1298-1309.

[216] Kim K K, Park S H, Sung Y R, et al. Inter-organizational Cooperation in Buyer-Supplier Relationships: Both Perspectives[J]. Journal of Business Research, 2010, 63 (8): 863-869.

[217] Kauffman R J, Wood C A. Running up the Bid: Modeling Sellers[A]. In M. Chung (Ed). Proceedings of the Sixth Americas Conference in Information Systems[C]. Long Beach: CA 2000: 929-936.

[218] Kalmbach C, Jr, Roussel C. Dispelling the Myths of Alliances[Z]. Outlook Special Edition, 1999: 5-32.

[219] Kingshott R P J. The Impact of Psychological Contracts upon Trust and Commitment within Supplier-buyer Relationships: A Social Exchange View[J]. Industrial Marketing Management, 2006, 35(6): 724-739.

[220] Kraljic P. Purchasing must become Supply Management[J]. Harvard Business Review, 1983, 61(5): 109-117.

[221] Kwon I W G, Suh T. Trust, Commitment and Relationship in Supply Chain Management: A Path Analysis [J]. Supply Chain Management: AnInternational Journal, 2005, 10(1): 26-33.

[222] Kang M P, Mahoney J T, Tan D. Why Firms Make Unilateral Investments Specific to Other Firms: The Case of OEM Suppliers[J]. Strategic Management Journal, 2009, 30(2): 117 – 135.

[223] Kumar N, Scheer L K, Steenkamp J-B E M. The Effects of Perceived Interdependence on Dealer Attitudes[J]. Journal of Marketing Research, 1995a, 32: 348 – 356.

[224] Kumar N, Scheer L K, Steenkamp J-B E M. The Effects of Supplier Fairness on Vulnerable Resellers[J]. Journal of Marketing Research, 1995b, 32: 54 – 65.

[225] Klein B. Transaction Cost Determinants of Unfair Contractual Arrangement[J]. American Economic Review, 1980, 70(2): 356 – 362.

[226] Kirca A H, Jayachandran S, Bearden W O. Market Orientation: A Meta-Analytic Review and Assessment of Its Antecedents and Impact on Performance[J]. Journal of Marketing, 2005, 69(35): 24 – 41.

[227] Kenneth H Wathne, Jan B. Heide. Opportunism in Interfirm Relationships: Forms, Outcomes, and Solutions[J]. Journal of Marketing, 2000, 64(4): 36 – 51.

[228] Liu Y, Su C, Li Y, et al. Managing Opportunism in a Developing Interfirm Relationship: The Interrelationship of Calculative and Loyalty Commitment[J]. Industrial Marketing Management, 2010, 39(5): 844 – 852.

[229] Lohtia RC, Brooks M, and Krapfel RE. What Constitutes a Transactions and Typers[J]. Journal of Business Research, 1994, 30: 261 – 270.

[230] Lovett S, Lee CS, Kali R. Guanxi Versus the Market: Ethics and Efficiency[J]. Journal of International Business Studies, 1999, 30(2): 231 – 248.

[231] Lai F J, Li X L, Lai V S. Transaction-Specific Investments, Relational Norms, and ERP Customer Satisfaction: A Mediation Analysis[J]. Decision Sciences, 2013, 44(4): 679 – 711.

[232] Luo Y. Opportunism in Inter-firm Exchanges in Emerging Market[J]. Management and organization review, 2006(1): 121 – 147.

[233] Lind E A. Fairness Heuristic Theory: Justice Judgments as Pivotal Cognitions in Organizational Relations[A]. In J. Greenberg, R. Cropanzano (Eds) Advances in Organizational Justice[C]. Stanford, CA: Stanford University Press, 2001.

[234] Lai C S, Liu S S, Yang C F, et al. Governance Mechanisms of Opportunism: Integrating from Transaction Cost Analysis and Relational Exchange Theory[J]. Taiwan Academy of Management Journal, 2005, 5(1): 1 – 24.

[235] Lambe C J, Wittmann C M, Spekman R E. Social Exchange Theory and Research on Business-to-business Relational Exchange[J]. Journal of Business-to-Business Marketing, 2001, 8(3): 1 – 36.

[236] Lee D J. Developing International Strategic Alliances between Exporters and Importers: The Case of Australian Exporters[J]. International Journal in Marketing,

1998，15(3)：335 - 348.

[237] Lee D J，Pae J H，Wong Y H. A Model of Close Business Relationships in China (Guanxi)[J]. European Journal of Marketing，2001，35(1/2)：51 - 69.

[238] Li L. Sales Force Opportunism in Emerging Markets：An Exploratory Investigation. Thunderbird International Business Review，44(4)：515.

[239] Luo X. Trust Production and Privacy Concerns on the Internet：A Framework Based on Relationship Marketing and Social Exchange Theory [J]. Industrial Marketing Management，2022，31(2)：111 - 118.

[240] Lusch R F，Brown J R. Interdependency，Contracting，and Relational Behavior in Marketing Channels[J]. Journal of Marketing，1996，60(4)：19 - 38.

[241] Lohtia RC，Brooks M，Krapfel RE. What Constitutes a Transactions and Typers[J]. Journal of Business Research，2005(30)：261 - 270.

[242] Lazerson M. Organizational Growth of Small Firms：An Outcome of Markets and Hierarchies[J]. American Sociological Review，1988，53(3)：330 - 342.

[243] Lui S，Wong Y，Liu W. Asset Specificity Roles in Interfirm Cooperation：Reducing Opportunistic Behavior or Increasing Cooperative Behavior? [J]. Journal of Business Research，2009，62(11)：1214 - 1219.

[244] Liu Y，Huang Y，Luo Y D，et al. How Does Justice Matter in Achieving Buyer-Supplier Relationship Performance? [J]. Journal of Operations Management，2012，30(5)：355 - 367.

[245] Luo Y D，Liu Y，Xue J Q. Relationship Investment and Channel Performance：An Analysis of Mediating Forces[J]. Journal of Management Studies，2009，46(7)：1113 - 1137.

[246] Morrison A，Rabellotti R. Inside the Black Box of "Industrial Atmosphere"：Knowledge and Information Networks in an Italian Wine Local System[M]. Munich：GRIN Verlag，2005.

[247] Martinez-Noya A，Garcia-Canal E，Guillen M F. R&D Outsourcing and the Effectiveness of Intangible Investments：Is Proprietary Core Knowledge Walking out of the Door? [J]. Journal of Management Studies，2013，50(1)：67 - 91.

[248] Macneil I R. Contracts：Adjustments of Long-term Economic Relations under Classical，Neoclassical and Relational Contract Law[J]. Northwestern University Law Review，1978，72(6)：854 - 905.

[249] Macneil I R. The New Social Contract，An Inquiry into Modern Contractual Relations [M]. New Haven：Yale University Press，1980.

[250] Macneil I R. Economic Analysis of Contractual Relations：Its Shortfalls and the Need for a Rich Classificatory Apparatus[J]. Northwestern University Law Review，1981，75(2)：1018 - 1063.

［251］ Maitland I, Bryson J, Van De Ven A. Sociologists, Economists, and Opportunism. Academy of Management Review, 1985, 10(1): 59 - 65.

［252］ Monczka R, Trent R, Handfield R. Purchasing and Supply Chain Management[M]. Cincinnati: Southwestern, 2002.

［253］ Morgan R M, Hunt S D. The Commitment-trust Theory of Relationship Marketing. Journal of Marketing, 1994(58): 20 - 38.

［254］ Morgan R M, Hunt S D. Relationship-based Competitive Advantage: The Role of Relationship Marketing in Marketing Strategy[J]. Journal of Business Research, 1971, 46(3): 281 - 290.

［255］ Moschandreas M. The Role of Opportunism in Transaction Cost Economics[J]. Journal of Economic Issues, 1997, 31(1): 39 - 57.

［256］ Mette M. Process and Structures of Networks: Reflections on Methodology [J]. Entrepreneurship & Regional Development, 1995(7): 193 - 213.

［257］ Martin R. Institutional Approaches in Economic Geography[A]. In: Sheppard E and Barnes T(eds)A Companion to Economic Geography[C]. Blackwell Publishing, 2000.

［258］ Massey D. In What Sense a Regional Problem[J]. Regional Studies, 1979 (13): 233 - 243.

［259］ Nielson CC. An Empirical Examination of Switching Cost Investments in Business-to-Business Marketing Relationships[J]. Journal of Business and Industrial Marketing, 1996, 11(6): 38 - 60.

［260］ North D. Institutions, Institutional Change and Economic Performance. [M]. Cambridge: Cambridge University Press, 1990.

［261］ Nagin D S, Rebitzer J B, Sanders S, et al. Monitoring, Motivation, and Management: The Determinants of Opportunistic Behavior in a Field Experiment. American Economic Review, 2002, 92(4): 850 - 873.

［262］ Nunlee M P. The Control of Intra-channel Opportunism Through the Use of Inter-channel Communication [J]. Industrial Marketing Management, 2005, 34 (5): 515 - 525.

［263］ Nederhof A. Methods of Coping with Social Desirability Bias: A Review[J]. European Journal of Social Psychology, 1985(15): 263 - 280.

［264］ Noordewier T G, John G, Nevin J R. Performance Outcomes of Purchasing Arrangements in Industrial Buyer-vendor Relationships [J]. Journal of Marketing, 1990, 54(4): 80 - 93.

［265］ Ozkantektas O. The Effects of Opportunism and Trust on Buyer-Supplier Relationship: Do Commitment Types Matter? [J]. International Journal of Business & Social Research, 2014, 4(9): 14 - 26.

［266］ Poppo L, nger T. Do Formal Contracts and Relational Governance Function As

Substitutes or Complements? [J]. Strategic Management Journal, 2002, 23: 707 - 725.

[267] Piore M, Sable C. The Second Industrial Divide: Possibilities for Prosperity[M]. New York: Basic Books Inc., 1984.

[268] Powell W. Neither Market nor Hierarchy: Network Forms of Organization[J]. Organizational Behavior, 1990(12): 295 - 336.

[269] Polanyni K. The Great Transformation: The Political and Economic Origins of Our Time[M]. New York: Amereon Ltd, 1999.

[270] Parkhe A. Strategic Alliance Structuring: A Game Theoretic and Transaction Cost Examination of Interfirm Cooperation[J]. Industrial Marketing Management, 2008 (37): 895 - 909.

[271] Ping R A, Jr. The Effects of Satisfaction and Structural Constraints on Retailer Exiting, Voice, Loyalty, Opportunism, and Neglect[J]. Journal of Retailing, 1993, 69(3): 320 - 352.

[272] Porter M E. Competitive Advantage. New York: Free Press, 1980.

[273] Provan K G, Skinner S J. Interorganizational Dependence and Control as Predictors of Opportunism in Dealer-supplier Relations[J]. Academy of Management Journal, 1989, 32(1): 202 - 212.

[274] Payne A. Relationship Marketing: A Broad ened View of Marketing In A. Payne(Eds) Advances in Relationship Marketing(M), London: Kogan Page, LTd, 1995: 29 - 40.

[275] Pfeffer J, Salancik G. The External Control of Organizations: A Resource Dependence Perspective[A]. Raudenbush S W, Becker B J, Kalaian H. Modeling Multivariate Effect Sizes[C]. Psychological Bulletin, 1988, 103(1): 111 - 120.

[276] Reddy(Eds.)Marketing Channels. Lexington, MA: Heath[A]. Rindfleisch A, Heide J B. Transaction Cost Analysis: Past, Present, and Future Applications[C]. Journal of Marketing, 1997, 61(4): 30 - 54.

[277] Rice J B, Hoppe R M. Supply Chain vs. Supply Chain[J]. Supply Chain Management Review, 2001, 5(5): 47 - 54.

[278] Rindfleisch A, Heide J B. Transaction Cost Analysis: Past, Present, and Future Applications[J]. Journal of Marketing, 1997, 61(4): 30 - 54.

[279] Romar E J. Globalization, Ethics, and Opportunism: A Confucian View of Business Relationships[J]. Business Ethics Quarterly, 2004, 14(4): 663 - 678.

[280] Rokkan AI, Heide JB, Wathne KH. Specific Investments in Marketing Relationships: Expropriation and Bonding Effects[J]. Journal of Marketing Research, 2003, 11(2): 210 - 224.

[281] Reilly P. Balancing Flexibility-meeting the Interests of Mmployer and Employee[J]. European Journal of Work and Organizational Psychology, 1998, 7(10): 7 - 22.

[282] RRILIANG Y. Managing Channel Coordination in a Multi-channel Manufacturer-

retailer Supply Chain[J]. Industrial Marketing Management, 2011, 40: 636- 642.

[283] Robert M, Morgan, Shelby D. Hunt The Commitment-Trust Theory of Relationship Marketing. Journal of Marketing, 1994, 58(7): 20 - 38.

[284] Rosenthal R. Meta-analytic Procedures for Social Research[M]. Newbury Park, CA: Sage, 1991.

[285] Rosenthal R, DiMatteo M R. Meta-analysis: Recent Developments in Quantitative Methods for Literature Reviews[J]. Annual Review of Psychology, 2001(52): 59 - 82.

[286] Rainnie A. The Reorganisation of Large Firm Subcontracting: Myth and Reality[J]. Capital and Class, 1993, 49: 53 - 75.

[287] Samaha S A, Palmatier R W, Dant R P. Poisoning Relationships: Perceived Unfairness in Channels of Distribution[J]. Journal of Marketing, 2011, 75(5): 99 - 117.

[288] Smart A. The Emergence of Local Capitalisms in China: Overseas Chinese Investment and Patterns of Development. In China's Regions, Polity, and Economy: A Study of Spatial Transformation in the Post-reform Era[M]. Hong Kong: Chinese University Press, 2000.

[289] Sako M, Helper S. Determinants of Trust in Supplier Relations: Evidence from the Automotive Industry in Japan and the United States[J]. Journal of Economic Behavior and Organization, 1998, 34(3): 387 - 417.

[290] Schilling M A, Steensma H K. Disentagling the Theories of Firm Boundaries: A Path Model and Empirical Tests[J]. Organization Science, 2002, 13(4): 387 - 401.

[291] Skarmeas D, Katsikeas C S, Schlegelmilch B B. Drivers of Commitment and its Impact on Performance in Cross-cultural Buyer-seller Relationships: The Importer's Perspective[J]. Journal of International Business Studies, 2002, 33(4): 757 - 783.

[292] Steensma K H, Corley K G. Organizational Context as a Moderator of Theories on Firm Boundaries for Technology Sourcing[J]. Academy of Management Journal, 2001, 44(2): 271 - 291.

[293] Stump R L, Heide J B. Controlling Supplier Opportunism in Industrial Relationships. Journal of Marketing Research, 1996, 33(4): 431 - 441.

[294] Supphellen M, Haugland S A, Korneliussen T. SMBs in Search of International Strategic Alliances Perceived Importance of Personal Information Sources[J]. Journal of Business Research, 2002, 55(9): 785 - 795.

[295] Saxenian A. Regional Advantage: Culture and Competition in Silicon Valley and Route 128[M]. Boston: Harvard University Press, 1994.

[296] Storper M. The Transaction to Flexible Specialization in the US Film Industry: External Economies, the Division of Labor, and the Crossing of Industrial Divide[J]. Cambridge Journal of Economics, 1989(13): 273 - 305.

[297] Sturgeon T, Lee J. Industry Co-evolution and the Rise of a Shared Supply-base for

Electronics Manufacturing[R]. Paper Presented at Nelson and Winter Conference, Aalgborg, 2001.

[298] Storper M. The Regional World: Territorial Development in a Global Economy[M]. New York: Guilford Press, 1997.

[299] Storper M. Flexibility, Hierarchy and Regional Development: The Changing Structure of Industrial Production Systems and their Forms of Governance in the 1990s[J]. Research Policy, 1991(20): 407 - 422.

[300] Skameas D, Katsikeas CS, Schlegelmich BB. Drivers of Commitment and its Impact on Performance in Cross-cultural Buyer-seller Relationships: The Importer's Perspective [J]. Journal of International Business Studies, 2002, 33(4): 757 - 783.

[301] Sawyer A G, Ball A D. Statistical Power and Effect Size in Marketing Research[J]. Journal of Marketing Research, 1981, 18(3): 275 - 290.

[302] Simon H A. Rationality as Process and as Product of a Thought[J]. American Economic Review, 1978, 68(2): 1 - 16.

[303] Skarlicki D P, Folger R. Retaliation in the Workplace: The Roles of Distributive, Procedural and Interactional Justice[J]. Journal of Applied Psychology, 1997, 82(3): 434 - 443.

[304] Spector P E, Levine E L. Meta-analysis for Integrating Study Outcomes: A Monte Carlo Study of its Susceptibility to Type I and Type II Errors[J]. Journal of Applied Psychology, 1987, 72(1): 3 - 9.

[305] Scott J. Flexible Production Systems and Regional Development: The Rise of New Industrial Spaces in North America and Western Europe[J]. International Journal of Urban and Regional Research, 1987(12): 171 - 185.

[306] Cooke P. Flexible Integration, Scope Economies and Strategic Alliance: Social and Spatial Mediations[J]. Environment and Planning D, 1988(6): 281 - 300.

[307] Stern L W, In L. Stern. Distribution Channels: Behavioral Dimensions. New York: Houghton-Mifflin.

[308] Tosi H L, Katz J P, Gomez-Mejia L R. Disaggregating the Agency Contract: The Effects of Monitoring, Incentive Alignment, and Term in Office on Agent Decision Making[J]. Academy of Management Journal, 1997, 40(3): 584 - 602.

[309] Wathne K H, Heide J B. Opportunism in Interfirm Relationships: Forms, Outcomes, and Solutions[J]. Journal of Marketing, 2000, 64(4): 36 - 51.

[310] Taylor P, Jonker L. Evolutionarily Stable Strategies and Game Dyamics[J]. Mathemarical Biosciences, 1978(40): 145 - 156.

[311] Uzzi B. Social Structure and Competition in Inter-firm Networks: The Paradox of Embeddedness[J]. Administrative Science Quarterly, 1997, 42(1): 35 - 67.

[312] Vita G D, Tekaya A, Wang C L. Asset Specificity's Impact on Outsourcing

Relationship Performance: A Disaggregated Analysisby Buyer-Supplier Asset Specificity Dimensions[J]. Journal of Business Research, 2010, 63(7): 657 – 666.

[313] Wang E T G. Transaction Attributes and Software Outsourcing Success: An Empirical Investigation of Transaction Cost Theory[J]. Information Systems Journal, 2002, 12 (2): 153 – 181.

[314] Wathne K H, Heide J B. Opportunism in Interfirm Relationships: Forms, Outcomes, and Solutions[J]. Journal of Marketing, 2000, 64(4): 36 – 51.

[315] Wilson D T. An Integrated Model of Buyer-seller Relationships [J]. Journalof the Academy of Marketing Science, 1995, 23(4): 335 – 345.

[316] Williamson O E. Markets and Hierarchies, Analysis and Antitrust Implications: A Study in the Economies of Internal Organization[M]. New York: Free Press, 1975.

[317] Williamson O E. The Economics of Organization: The Transaction Cost Approach[J]. American Journal of Sociology, 1981, 87(3): 548 – 577.

[318] Williamson O E. The Economic Institutions of Capitalism: Firms, Markets, Relational Contracting[M]. New York: Free Press, 1985.

[319] Williamson O E. Transaction Cost Economics: The Comparative Contracting Perspective [J]. Journal of Economic Behavior and Organization, 1987, 8(4): 617 – 625.

[320] Williamson O E. Comparative Economic Organization: The Analysis of Discrete Structural Alternatives[J]. Administrative Science Quarterly, 1991, 36(2): 269 – 296.

[321] Williamson O E. Opportunism and its Critics[J]. Managerial and Decision Economics, 1993, 14(2): 97 – 107.

[322] Wagner S M, Bode C. Supplier Relationship-Specific Investments and the Role of Safeguards for Supplier Innovation Sharing[J]. Journal of Operations Management, 2014, 32(3): 65 – 78.

[323] Wang G, Wang X, Zheng Y. Investing in Guanxi: An Analysis of Interpersonal Relation-Specific Investment(RSI)in China[DB/OL]. http://dx. doi. org/10. 1016/j. indmarman, 2013 – 11 – 08.

[324] Wathne KH, Heide JB. Opportunism in Interfirm Relationship: Forms, Outcomes, and Solutions[J]. Journal of Marketing, 2000, 64(4): 36 – 51.

[325] Xin KR, Pearce JL. Guanxi Connections as Substitutes for Formal Institutional Support[J]. Academy of Management Journal, 1996(39): 1641 – 1658.

[326] Yeung H. Rethinking Relational Economic Geography[J]. Transactions of the Institute of British Geographers, 2005, 30(1): 37 – 51.

[327] Zaheer A, Venkatraman N. Determinants of Electronic Integration in the Insurance Industry: An Empirical Test[J]. Management Science, 1994(40): 549 – 566.

[328] Zukin S, DiMaggio P. Structures of Capital: The Social Organization of the Economy [M]. Cambridge: Cambridge University Press, 1990.

图表索引